JN108431

もっとかわいくできる！

推しぬい

理想の「お顔」「髪型」つくりかたBOOK

監修 ぴよぴっこ
協力 しらたま

メイツ出版

理想の推しぬいづくりまでの道

ぬいぐるみづくりをはじめる前に、
理想の「推しぬい」をつくるための流れをCheckしておきましょう。

 STEP 1 つくりたい推しを観察する

Checkしておきたい
特徴はP34 〜 35で
解説してるよ

つくりたい推しが決まったら、推しの特徴を観察しましょう。顔のパーツやどんな髪型をしているかだけでなく、ほくろなどの小さなチャームポイントも見落とさずにCheck！ どんなぬいぐるみにするかをイメージしながら、落とし込みたい特徴をPICK UPしていきます。イラストなども参考にしてみてくださいね。

STEP 2 表情のデザインを決める

お顔のデザインパターンは
P36 〜 39に載ってるよ！
参考にしてみてね

特徴がつかめたら、デザインに落とし込んでいきます。顔はぬいぐるみの印象を左右するいちばん大切な部分です。顔のパーツだけでなく、表情も「推しらしさ」を演出するポイント！ 大好きな推しの表情をイメージして、自分だけのデザインを考えてみましょう。本書掲載のデザインパターンを使ってもOK！

STEP 3 髪のデザインを決める

P64〜67では
生地の染めかたも
解説してるよ

ぬいぐるみの中でも大きな割合を占める髪は、形はもちろん、生地選びや色選びもこだわりポイントのひとつ！　本書ではいろいろなパターンの髪型のつくりかたを掲載しています。前髪とうしろ髪を自由に組み合わせて、推しの髪を再現してみましょう。前髪の刺繍をすれば、中韓ぬいっぽさがUPしますよ。

STEP 4 推しらしさをプラスする

顔と髪が決まったら、推しらしさをプラスしていきましょう。手や足の底に模様や推しの誕生日を刺繍したり、アクセサリーを刺繍したり。胴体に推しらしいモチーフを刺繍すれば、着せ替えするときに見えるあなただけの推しぬいのトレードマークになります。お好みでケモ耳をつけてもかわいい！

ケモ耳は全部で4種類！
P88〜93をCheck！

推しぬいづくりSTART！∘∘⟶

Contents

はじめに

こんにちは、ぬいぐるみ系YouTuberの「ぴよぴっこ」です。

わたしのYouTubeやSNSを見て、
「ぴよぴっこは手芸歴も長く、刺しゅうをはじめ豊富な経験がある」と
思われている方もいらっしゃいますが
実は初めて「推しぬい」をつくったのは、ほんの1年前の2022年です。

初めての刺繍、初めてのぬいづくり……。
ネットで情報を集め、布とにらめっこしながら推し色の生地を購入し、
試行錯誤や失敗を重ね、やっと完成した「推しぬい」。

とっても愛おしかったです。

それと同時に、「こうすればもっとかわいくなるんじゃない？」
「次はもっとキレイな刺繍ができそう！」という気持ちがどんどん溢れてきて、
ぬいぐるみづくりにどっぷりハマりました。

誰でも、経験がなくても、いつからでも、今からでも、
推し愛があれば「推しぬい」はつくれます。

ぬいぐるみづくりに正解はありません。
生地選びからお顔のデザインまで、あなたの感性で自由に表現していいんです。

「推しぬい」はつくれる！

この本が、みなさまの推しぬいづくりの一歩を踏み出すきっかけになれたらいいなと思います。

ぴよぴっこ

1

基本の「推しぬいづくり」

基本をしっかり押さえよう!

Part1では、基本の縫いかたやベースとなるぬいぐるみのつくりかたを紹介しています。本書では20cmのぬいぐるみで解説していきます。

Items

基本のアイテム

推しぬいをつくるときに使う基本のアイテムを紹介します。手芸屋さんや100円ショップでも入手できるので、
はじめに揃えておきましょう。道具選びも楽しみのひとつです♪

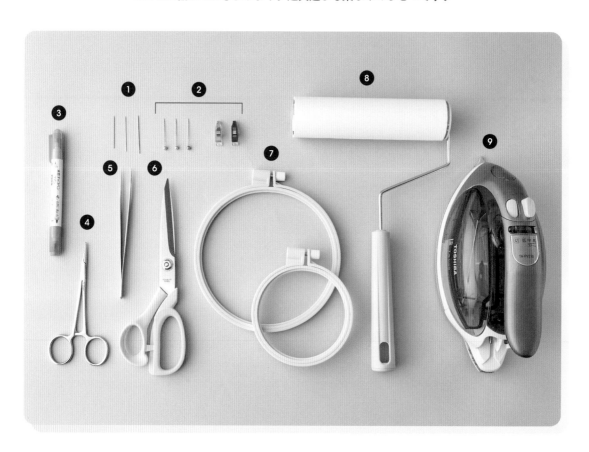

❶ 手縫い針・刺繍針

針の長さや太さなど種類もいろいろ。
刺繍針は7〜10号のセットがあると
便利です。

❷ まち針・クリップ

パーツを押さえたり、仮どめしたり
するときに使います。手縫いのとき
はクリップがあると便利です。

❸ チャコペン

生地や刺繍シートに型紙や図案を写
すときに使います。図案を写すとき
は消えるボールペンを使っても◎

❹ 鉗子

生地を表に返すときや、ぬいぐるみ
の手足に綿を詰めるときなど、細か
い部分の作業が楽になります。

❺ ピンセット

小さなパーツを扱うときに役に立ち
ます。刺繍シートやラインストーン
を使うときの必須アイテムです。

❻ 手芸用はさみ

生地や糸を切るときに使います。1本
で裁ちばさみと糸切りばさみを兼ね
ているものがおすすめです。

❼ 刺繍枠

刺繍をするときに生地を張るための
アイテム。ぬいぐるみづくりでは
10cmと15cmサイズがあると◎

❽ 粘着クリーナー

生地のほつれを取るときに使います。
ボア生地はほつれがたくさん出るの
で用意しておきましょう。

❾ アイロン

生地のシワを伸ばしたり、接着芯を
つけたりするときに使います。

推しぬいづくりで使う
materials
基本の材料

理想の推しぬいをつくるためには材料選びが大切です。はじめは100円ショップなどに売っている
手頃なものではじめてもOK！　慣れてきたら、生地や糸にもこだわってみましょう。

本書掲載のぬいぐるみの
肌に使用

ソフトボア

毛足が1〜1.5mmのふわふわした生地で、ぬいぐるみの肌や髪用におすすめです。毛の流れがあるので、つくるときは向きに注意しましょう。端処理なしで使うことができます。

本書掲載のぬいぐるみの
髪に使用

5mmボア

毛足の長さが5mmと少し長めのボア生地です。毛足が長いぶん、ふわふわ感も増すので、髪用の生地に適しています。思わずなでたくなるぬいぐるみになることまちがいなし！

本書掲載の一部のぬいぐるみの
後頭部に使用

ナイレックス

毛足がとても短い、なめらかな触り心地の生地です。薄いので縫いやすく、初心者でも扱いやすい生地のひとつで、似ている質感の100円ショップのカラークロスでも代用できます。

手縫い糸・刺繍糸

本体を縫い合わせるときは生地と似た色の糸がおすすめです。刺繍糸はメーカーによって光沢感にちがいがでます。

手芸綿

ぬいぐるみの中に詰める綿です。もちもちした触り心地のものや、詰めるとぎっしりかたくなるタイプの綿があります。

ぬいぐるみ用の骨

ぬいぐるみの中に入れると、ぬいぐるみをポージングさせることができます。なくてもつくれますが、あると幅が広がります。

両面接着シート

生地と生地を貼り合わせるための接着シートです。生地の間にはさんで、アイロンをかけて使います。

接着芯

片面だけにのりがついた薄手の接着芯です。刺繍部分の裏に貼ることで、刺繍による生地の歪みを抑えることができます。

刺繍シート

刺繍の図案を写して生地と重ねて使います。貼るタイプのものもあるので、目的に合わせて使いやすいものを選びましょう。

手縫いのやりかた

ぬいぐるみはミシンがなくても手縫いでつくることができます。
少し時間はかかりますが、丁寧につくれば大丈夫！
基本の縫いかたをマスターして、推しぬいづくりをはじめましょう。

糸始末のやりかた

▶▶ 玉むすび

糸が生地から抜けないように、
縫いはじめる前に玉むすびをしておきましょう。

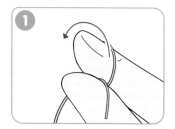

人差し指の先に糸を1周巻きつけます。

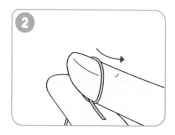

親指と人差し指で糸をはさんで擦り合わせて絡めます。

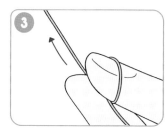

親指と人差し指ではさんだまま糸を引っ張ると結び目ができます。

▶▶ 玉どめ

縫いおわったあとも、糸が生地から抜けないようように、
生地の裏側で玉どめをしておきます。

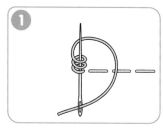

縫いおわりの位置で生地に針を置いて押さえ、2～3周糸を巻きます。

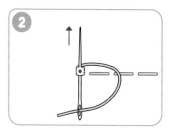

巻きつけた糸を寄せ、生地を持っていない手の親指で押さえます。

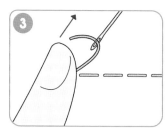

押さえたまま、針を引き抜きます。

縫いかた

▶▶ なみ縫い

**表裏どちらから見ても破線のような縫い目になる、
基本中の基本の縫いかたです。**

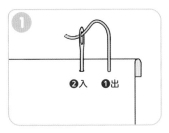

生地の裏から針をだして、一目分先に針を刺します。

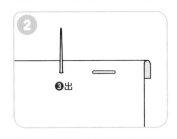

さらに一目分先から針を出します。

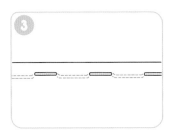

❶～❷を繰り返します。

▶▶ 半返し縫い

**表から見ると破線のように見える縫いかたで、
なみ縫いよりも丈夫に縫うことができます。**

本書の解説では、基本的に
「半返し縫い」で縫っています

生地の裏から針をだして、半目分戻って針を刺します。

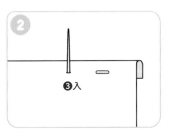

一目半分先から針を出して、半目分戻って針を刺します。

❶～❷を繰り返します。

▶▶ コの字とじ

**生地同士を縫い合わせるときに使う縫いかたで、
表からは縫い目が見えません。**

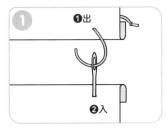

Ａの生地の裏から針を出して、Ｂの生地の表に刺します。

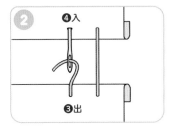

一目分先の位置で、Ｂの生地の裏から針を出し、Ａの生地の表に刺します。先ほどと同じように一目分先から針を出します。

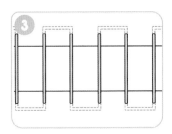

❶～❷を繰り返します。

丁寧に正確に写せるかがカギ

型紙の使いかた

本書では、P97 〜 111に掲載の型紙を印刷して
そのまま使うことができます。
型紙はぬいぐるみの形やサイズに関わる大切なものです。
丁寧に正確に写せるよう心がけましょう。

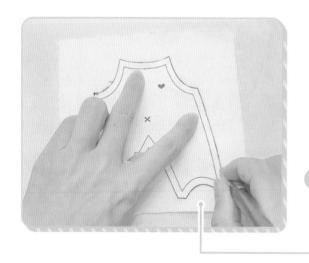

1 型紙を裁断ラインで切り、布に写す

型紙を印刷して、型紙の外側の裁断ラインに沿って切っていきます。切った型紙を生地に置いて、チャコペンなどで写していきます。刺繍をしているときは刺繍の位置を確認してから写します。

Point

ソフトボアを使うときは、写す前に毛の流れを確認しておきます。型紙に記載の「毛の流れ」に合わせて型紙を置きましょう。

2 縫製ラインで切った型紙を写す

型紙の内側の縫製ラインに沿って、型紙を切っていきます。❶で使った型紙を切って使ってもOK。縫いしろが均等になるように型紙を合わせて、生地に写します。

Point

型紙はクリアファイルなどに写して使うと、繰り返し使うことができます。

3 裁断ラインに沿って
生地をカットする

❷で生地に写した型紙の、外側の裁断ラインに
沿って生地をカットします。

型紙の見かたを押さえよう

型紙にはいろいろな線や印が書かれています。それぞれに意味や役割があるので、まちが
うとうまくつくれないこともあります。線や印の役割を確認しておきましょう。

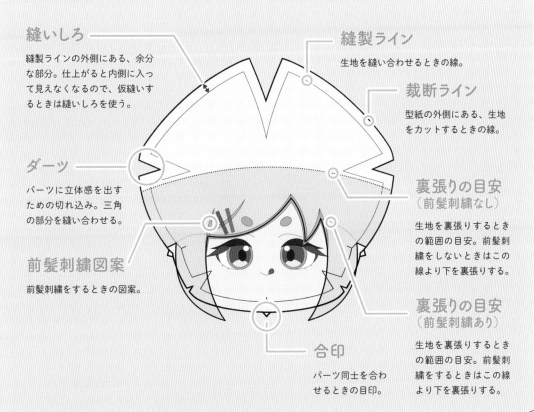

縫いしろ
縫製ラインの外側にある、余分
な部分。仕上がると内側に入っ
て見えなくなるので、仮縫いす
るときは縫いしろを使う。

縫製ライン
生地を縫い合わせるときの線。

裁断ライン
型紙の外側にある、生地
をカットするときの線。

ダーツ
パーツに立体感を出す
ための切れ込み。三角
の部分を縫い合わせる。

前髪刺繍図案
前髪刺繍をするときの図案。

裏張りの目安
（前髪刺繍なし）
生地を裏張りするとき
の範囲の目安。前髪刺
繍をしないときはこの
線より下を裏張りする。

裏張りの目安
（前髪刺繍あり）
生地を裏張りするとき
の範囲の目安。前髪刺
繍をするときはこの線
より下を裏張りする。

合印
パーツ同士を合わ
せるときの目印。

刺繍の図案を写すときの強い味方

刺繍シートの写しかた

紙やデジタルで描いた図案を使って刺繍をしたいときに
必要不可欠な刺繍シートは、貼るタイプや印刷できるものまで種類もいろいろ。
正しく写せるかがイメージしている
図案どおりの刺繍にできるかのカギになります。

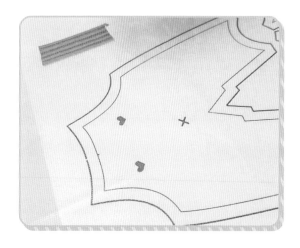

1 刺繍シートを
型紙に固定する

刺繍シートを必要な大きさに切り、マスキングテープで型紙や机に固定します。

今回使用した材料

- **刺繍シート（貼らないタイプ）**
- **マスキングテープ**
- **消せるボールペン**

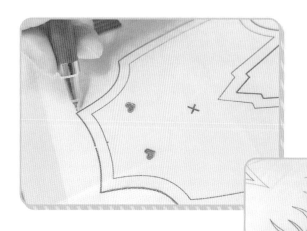

2 図案をなぞって写す

刺繍シートが破れないように気をつけながら、消せるボールペンを使ってやさしく型紙をなぞっていきます。

Point

型紙の線と前髪などの
刺繍図案は色分けして
おくと刺繍するときに
わかりやすいです。

貼る刺繍シートの溶かしかた

貼るタイプの刺繍シートは、刺繍するときにずれにくく便利ですが、生地にのりが残ってゴワゴワしてしまうことも……。ここではキレイに刺繍シートを溶かす方法を紹介します。

1 刺繍枠から生地をはずす

刺繍が完成したら、刺繍枠から生地をはずします。

2 お湯で洗う

45度くらいのお湯につけて、シート部分をやさしくなでるように洗います。刺繍部分は押して洗うイメージです。

3 お湯を変えて洗う

お湯にのりが溶け出しているので、2回ほどお湯を変えて念入りに洗っていきます。最後はすすぐ程度でOK！

4 折りたたんでしぼる

刺繍が傷まないように生地を折りたたんで、やさしくしぼります。

5 タオルドライする

生地を広げてタオルではさみ、上から軽く押さえて水分を抜いていきます。

6 ドライヤーで乾かす

ぬれた毛足が束になっているので、ドライヤーでふわふわになるまで乾かします。最後はしっかり自然乾燥させましょう。

刺繍の基本のやりかた

刺繍はぬいぐるみの顔をつくったり、体にワンポイントをほどこしたりしたいときにおすすめのやりかたです。
基本となるステッチを押さえて、刺繍にチャレンジしてみましょう！

刺繍糸の使いかた

刺繍糸は、細い6本の糸が寄り合わさって束になっています。必要な長さにカットして、絡まないようにゆっくり1本ずつ引き抜いていきます。

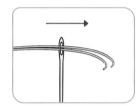

糸の本数でステッチの太さが変わります。使いたい本数を引き抜いたら端をそろえて刺繍針に通します。

ラインを引くステッチ

▶▶ アウトラインステッチ

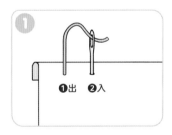

❶出　❷入

生地の裏から針をだして、半目分先に針を刺します。

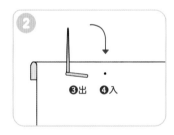

❸出　❹入

❶の❶と同じ針穴から針を出し、一目分先に針を刺します。

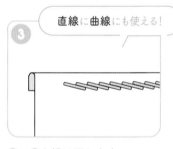

直線に曲線にも使える！

❶〜❷を繰り返します。

▶▶ バックステッチ

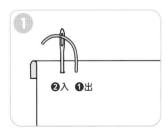

❷入　❶出

生地の裏から針をだして、半目分戻って針を刺します。

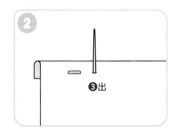

❸出

一目分先から針を出して、半目分戻って針を刺します。

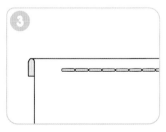

❶〜❷を繰り返します。

▶▶ ストレートステッチ

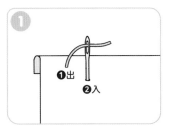

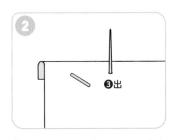

□などの**短い直線**に最適

生地の裏から針を出して刺します。

①を繰り返します。長さや向きはお好みで調整します。

いろいろな方向から刺すこともできます。

面を埋めるステッチ

▶▶ サテンステッチ

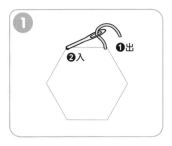

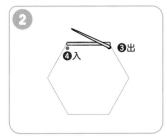

生地の裏から針を出し、針を刺します。

すぐとなりで①を繰り返します。ストレートステッチを平行に並べるイメージです。

面を刺繍した時の糸始末は、生地の裏で縫い目に糸をくぐらせればOK！

▶▶ ロングアンドショートステッチ

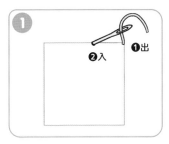

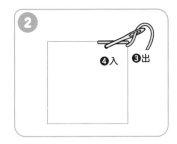

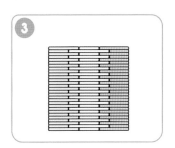

生地の裏から針を出し、少し間をとって針を刺します。

すぐとなりに戻り、針を出します。①よりも短く針を刺します。

①～②を繰り返します。

日本でも大人気！ 中国や韓国で主流のぬいぐるみ

中韓ぬいの特徴

1 前髪刺繍

2 凝った目

3 大きめの
サイズ

4 ふわふわの
生地

5 からだの
構造

6 着せ替え
できる

7 ぎっしり
詰まった綿

1 ▶▶ 前髪刺繍

日本のぬいぐるみは前髪がめくれるタイプのものが多い
ですが、中韓ぬいは前髪が刺繍で顔に縫いつけてあるの
が特徴です。前髪刺繍をするだけで一気に「中韓ぬいっ
ぽさ」を出すことができます。

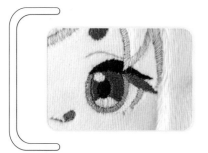

2 ▶▶ 凝った目

中韓ぬいの目は日本のぬいぐるみにくらべると、ハイラ
イトの数や色数が多く、キラキラしています。瞳をグラ
デーションにしたり、目の中にハートや星などのモチー
フをいれたりして凝ったデザインにしてみましょう。

3 ▶▶ 大きめのサイズ

日本のぬいぐるみが10cm〜15cmサイズが多いのに対し、中韓ぬいは20cmとやや大きめのサイズが主流です。大きいぶん、凝ったデザインにすることができて、小さな赤ちゃんのようなかわいらしさがあります。

4 ▶▶ ふわふわの生地

中韓ぬいは肌や髪がソフトボアや5mmボアのようなふわふわの生地でつくられているのも特徴のひとつです。中韓ぬいをつくるときは、生地選びからこだわってみましょう。ふわふわの生地は前髪刺繍との相性も◎

5 ▶▶ からだの構造

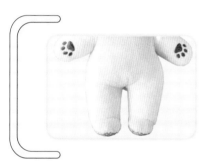

日本のぬいぐるみは小さなサイズが主流ということもあり、胴体と手足がひとつながりのパーツで構成されているものが多いです。中韓ぬいは胴体と手、足でパーツがわかれているので、からだに立体感があります。

6 ▶▶ 着せ替えできる

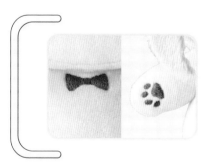

服が本体にプリントされていたり、接着されたりしている日本のぬいぐるみに対して、中韓ぬいは着せ替えできるのもポイント！ サイズの規格がほとんど統一されているので、洋服もたくさん市販されています。

7 ▶▶ ぎっしり詰まった綿

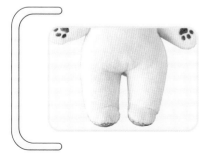

中韓ぬいは、ふわふわの生地とかわいらしい見た目に反して、綿がぎっしり詰まっていてかたいという特徴があります。そのぶん着せ替えもしやすく、顔や体に厚みや立体感がでます。

オリジナル型紙を使用！

本体のつくりかた

本書オリジナルの型紙を使用した
「ぬいぐるみ本体のつくりかた」を紹介します。
基本の本体にアレンジを加えて、自分だけの推しぬいを
つくっていきましょう！　型紙はP98〜100をCheck！

準備をする

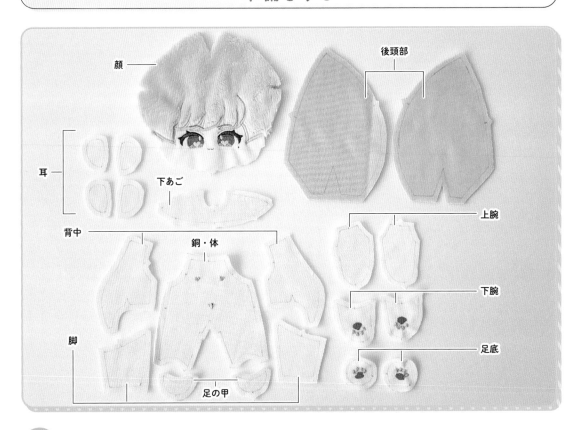

顔
後頭部
耳
下あご
背中
胴・体
脚
足の甲
上腕
下腕
足底

① 生地を準備する

生地の毛の流れをしっかり確認してから、型紙を
写してカットします。カットする前に顔や胴体の
刺繍、髪の裏張りはすべて済ませておきましょう。

今回使用した生地

- 肌：ソフトボア（スキンピンク）
- 髪：5mmボア（ピンク）
- 後頭部：ソフトボア（ピンク）

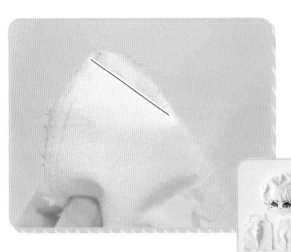

② ダーツを縫い合わせる

❶でカットした顔・後頭部・胴体・背中のダーツ部分を半返し縫いで縫い合わせます。うしろ髪があるときは、うしろ髪のダーツも縫い合わせておきます。

ワンランクアップ講座

前髪刺繍をしないときのつくりかた

本書に掲載の型紙では、前髪刺繍の図案があるものでも、前髪刺繍をせずにぬいぐるみをつくることができます。前髪を縫い付けないと毛先がふわっと浮く仕上がりになりますよ。

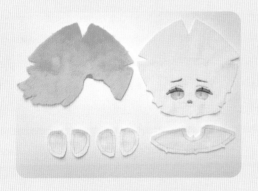

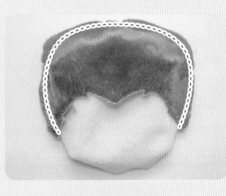

① 前髪と顔を用意する

前髪刺繍をしないときは、顔と裏張りした前髪のパーツをそれぞれ用意しておきます。

裏張りのやりかたはP60〜61をCheck！

② 顔と前髪を重ねて仮縫いする

ダーツを縫い合わせた顔と前髪を重ねて、縫製ラインより外側を仮縫いしておきます。仮縫いなのでなみ縫いでOK！

21

頭部をつくる

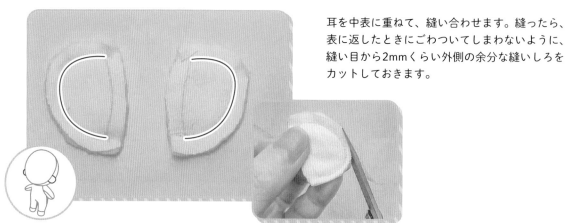

3 耳を縫い合わせる

耳を中表に重ねて、縫い合わせます。縫ったら、表に返したときにごわついてしまわないように、縫い目から2mmくらい外側の余分な縫いしろをカットしておきます。

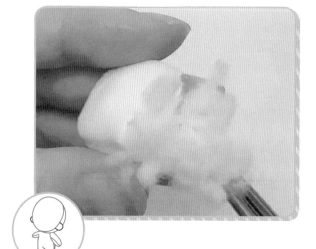

4 耳を表に返して綿を詰める

③で作った耳を表に返して、中に少量の綿を詰めます。15cmサイズなどの小さいぬいぐるみをつくる場合は綿を詰めなくても問題ありません。

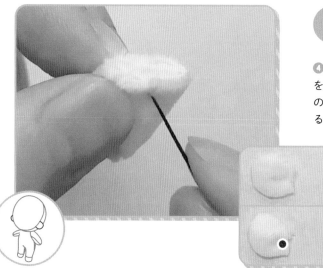

5 耳のくぼみをつくる

④でつくった耳をタテ半分に折り、折った中央をきゅっと縫いとめます。このとき縫製ラインの外側を縫うようにしましょう。左右対称になるようにもうひとつつくります。

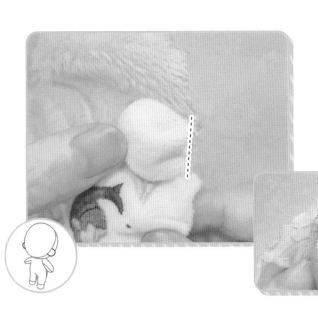

6 　耳を顔に縫いつける

型紙の目印を目印にしながら、**⑤**でつくった耳を顔にあてて位置を確認します。位置が決まったら、耳のつけ根を顔のフチに合わせて、顔側に耳をたおして縫いつけます。

Point

耳を縫いつけるときは、縫製ラインよりも少し外側の位置を縫います。

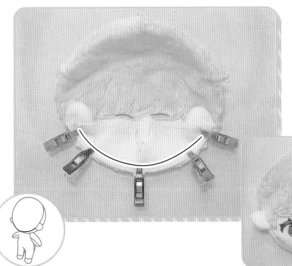

7 　下あごと顔を縫い合わせる

下あごを顔のあご部分に中表にして合わせます。合印を合わせたら縫い合わせます。

Point

輪郭は仕上がりに直結する重要な部分です。シワになっていないか、縫い目がガタガタしていないかをしっかり確認しましょう。

8 　後頭部を縫い合わせる

②でダーツを入れておいた後頭部2枚を中表に重ね、頭頂部から合印まで縫い合わせます。

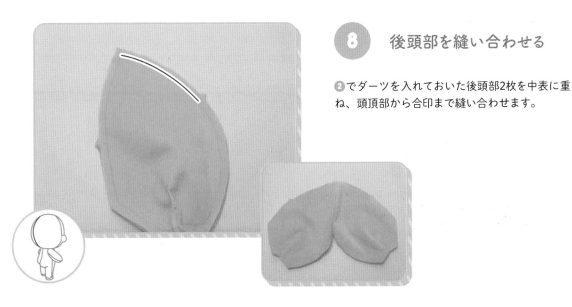

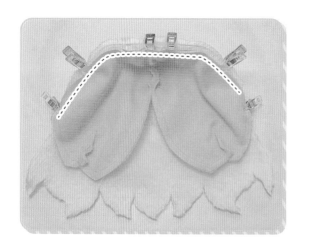

9 後頭部とうしろ髪を
仮縫いする

❽でつくった後頭部とうしろ髪を重ねて、縫製
ラインより外側で仮縫いします。

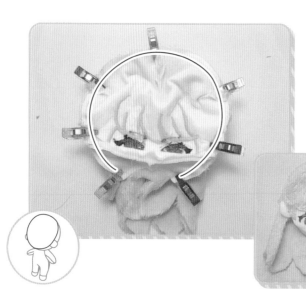

10 顔と後頭部を
縫い合わせる

耳を内側にしまうようにして顔と後頭部を縫い
合わせます。うしろ髪があるときは、うしろ髪
を巻き込まないように注意しましょう。

ハーフアップのやりかたは
P78 〜 79をCheck！

ワンランク
アップ↗
講座

生地は丁寧に合わせよう

ぬいぐるみをつくるとき、重ねた位置が
ずれてしまうと、形の歪みにつながりま
す。型紙の合印を目印にしてしっかり合
わせて縫いましょう。カーブしているパー
ツは先に頂点（中心）を合わせてからサイ
ドに向かって縫うとずれにくいです。

胴体をつくる

11 背中と脚を縫い合わせる

②でダーツを入れておいた背中と脚を中表に重ねて半返し縫いで縫い合わせます。

Point

背中の曲線部分に切れ目をいれておくと、縫い合わせやすくなります。

12 胴体と足の甲を縫い合わせる

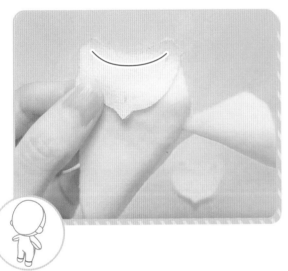

胴体の足先に、足の甲を中表に重ねて縫い合わせます。

13 腕を縫い合わせる

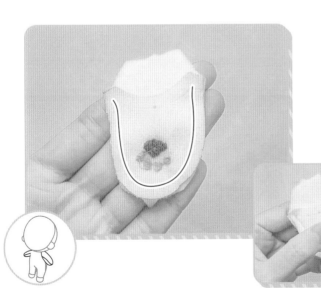

上腕と下腕を中表に重ねて縫い合わせます。縫ったら、縫い目から2mmくらい外側の余分な縫いしろをカットして表に返しておきます。

正面向き腕のつくりかた

本書では、手のひらが下を向いている腕のほかに、手のひらが正面向きになる腕の型紙も掲載しています。つくりかたはどちらもかんたん！　お好みの腕の型紙を使ってください。腕の型紙はP99をCheck！

下向き腕

手のひらが下を向いている腕は、自然なポージングを再現できます。一般的な中韓ぬいでも下向きの腕が多く採用されています。

正面向き腕

手のひらが正面を向いている正面向きの腕は、デフォルトのポージングでも手のひらの刺繍をよく見せることができます。

正面向き腕のつくりかた

1 正面向き腕の型紙で生地を用意して縫い合わせる

腕の外側と内側を中表に重ねて縫い合わせます。縫ったら、縫い目から2mmくらい外側の余分な縫い代をカットして裏返しておきます。

2 胴体と腕を縫い合わせる

左右をまちがえないように注意しながら、腕を胴体にはさみこみます。位置を確認しながら、胴体と腕を縫い合わせます。

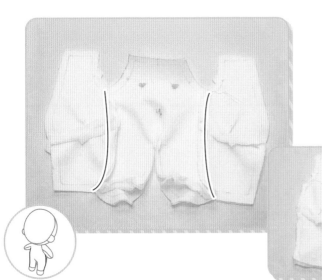

14 　胴体と背を縫い合わせる

⓫でつくった背中を⓬で作った胴体の両端に中
表で縫い合わせます。

15 　胴体と腕を縫い合わせる

⓭でつくった腕を合印を合わせながら⓮でつ
くった胴体にはさみます。このとき、中表に合わ
せやすいように腕は表に返してある状態です。位
置を確認しながら、胴体と腕を縫い合わせます。

16 　背中をとじる

胴体の背中部分を中表に合わせ、股下から合印
までを縫い合わせます。

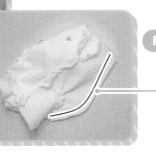

Point

骨を入れない場合
は背中をすべて縫
い合わせておきま
しょう。

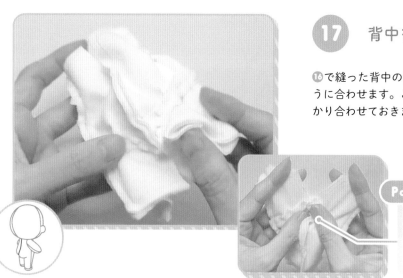

17　背中を中心にあわせる

⓮で縫った背中の縫い目が胴体の中心にくるように合わせます。このとき、脚部分の生地もしっかり合わせておきましょう。

Point

脚のつけ根に切れ目をいれておくと、縫い合わせやすくなります。

18　股を縫い合わせる

もう一度しっかり脚部分の生地のあわせを確認してから、股（脚の内側）を縫い合わせます。

Point

股部分は生地が密集しているので一針一針丁寧に縫いすすめましょう。

19　足底を縫い合わせる

胴体の足先を広げて、足底の合印を脚の縫い目に合わせます。ずれないようにクリップなどで固定して一周縫い合わせます。

20 縫いしろに 切れ込みを入れる

一度表に返してきちんと縫えているか確認したら、カーブになっているところや角の部分に切れ込みを入れていきます。切れ込みをいれることで、表に返したときに生地がつっぱたり、ごわついたりするのを防ぐことができます。

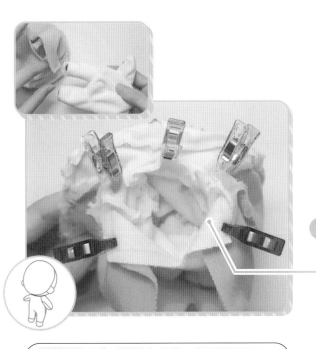

21 頭部と胴体を 縫い合わせて、表に返す

中表の状態の頭部の中に、表に返しておいた胴体をいれます。合印を確認しながら、首まわりを合わせて縫っていきます。あごの中心から左右の端にかけて縫うとずれにくいです。ここまでできたら頭部を表に返します。

Point

表に返すときは鉗子などを使ってしっかり細部やつま先まで返しましょう。

胴体に綿を詰める

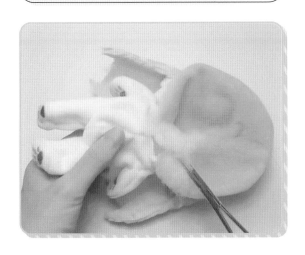

22 手足の先に綿を詰める

手足の先に綿を詰めていきます。鉗子などを使って、先までしっかり綿を詰めましょう。骨を入れる場合はこのタイミングで入れます。

骨入れのやりかたは
P94 〜 95をCheck！

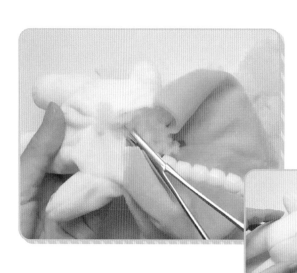

23 胴体に綿を詰めてとじる

胴体を中心につぶ綿を詰めていきます。骨が入っているときは、骨を包みこむように綿を詰めます。綿を詰めたら、胴体の背をコの字とじでとじます。

Point

入れる綿の量が少ないとシワの原因になります。ぎっちりかために詰めたほうが可愛いシルエットになります。

ワンランクアップ講座

2種類の綿を使いわける

綿は外からは見えませんが、ぬいぐるみづくりで大切なもののひとつです。綿の種類や詰め具合によって触り心地やかたさが変わるので、使い分けるのがおすすめです。

手芸綿	つぶ綿

手芸綿は手芸店でも見かける綿で、ぬいぐるみにもよく使用されます。シート状のものや洗えるタイプなど種類も豊富です。	つぶ綿は細かいパーツにも詰めやすく、シルエットがキレイに仕上がります。ワンランク上のぬいづくりを目指す人にオススメです。

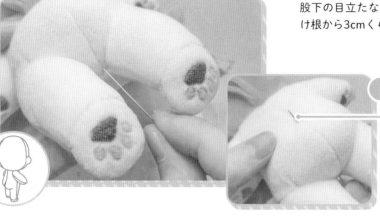

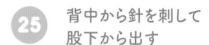

おしりの形をつくる

24 股下から針を刺して背から出す

股下の目立たないところから針を刺し、首のつけ根から3cmくらい下あたりから針を出します。

Point
長めの針を使うと作業がしやすいです。糸が切れたりしないよう、丈夫な手縫い糸を使いましょう。

25 背中から針を刺して股下から出す

背中から針を出したら、すぐそばに針を刺し、股下から針を出します。このとき、糸はぬいぐるみの中を通っています。

26 もう一度背中から針を刺し、股下から出す

股下から針を出したら、もう一度背中に針を刺します。このとき、糸は外側にでている状態になるので、おしりの縫い目にぴったり沿わせながら、針を股下から出します。

Point
背中に針を刺しながら、おしりのつけ根あたりを指で押して立体感を出していきます。

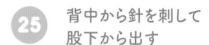

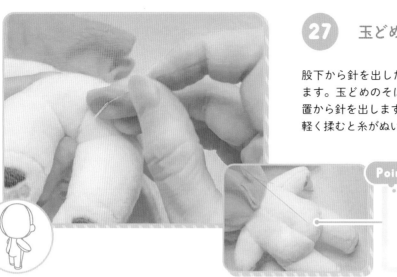

27 玉どめして糸始末をする

股下から針を出したら糸を引っ張り、玉どめします。玉どめのそばに針を刺し、てきとうな位置から針を出します。出ている糸を根元で切り、軽く揉むと糸がぬいぐるみの中に入ります。

Point

おしりにシワがよってしまったら、おしりのふくらみ部分に綿を追加するとシワがなくなります。

頭部に綿を詰める

28 頭部に綿を詰める

骨が入っている場合は、骨をつつむように綿を詰めます。正面の顔の形などを確認しながら、つぶ綿を詰めて形をととのえていきます。

Point

輪郭は綿の詰め忘れが多い部分なのでしっかり確認しながら詰めましょう。

29 頭部をとじる

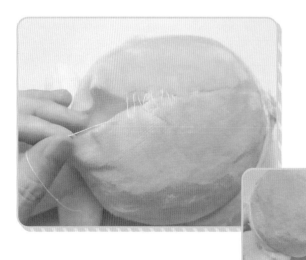

綿をいれたら、コの字とじで後頭部をとじます。うしろ髪があるときは、うしろ髪をおろして、本体は完成です。綿の詰め忘れがないか、いろいろな角度から見たり触ったりして全身を確認してから縫いとじましょう。

ワンランク上の
「顔づくり」

推しに似せるコツを要Check！

Part2では、推しの特徴のとらえかたや、顔の刺
繍のやりかたを解説していきます。顔のデザイン
パターンも紹介しているので、マネすれば誰でも
かんたんにかわいいお顔がつくれちゃいます。

推しの特徴のつかみかた

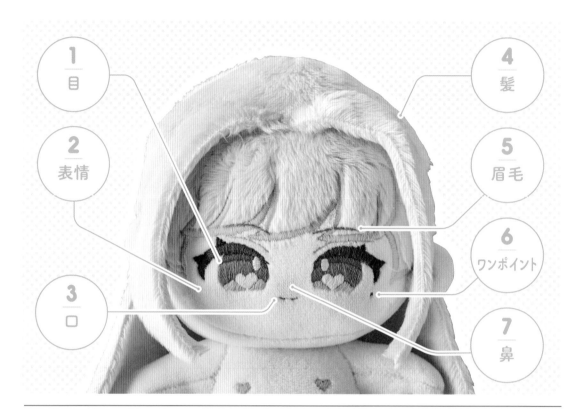

1／目

2／表情

3／口

4／髪

5／眉毛

6／ワンポイント

7／鼻

1 ▶▶ 目

目はぬいぐるみの顔の中でもいちばん大きなパーツで、顔の印象を左右します。目尻の角度やまつ毛、下まつ毛の長さ、黒目の大きさをしっかり観察しましょう。また、目の色も推しの特徴をアピールするポイントです。

2 ▶▶ 表情

表情は推しの性格を表現するポイントです。ぬいぐるみの表情は主に目・眉毛・口・頬の赤みなどによって表現されます。推しらしい表情や、自分の大好きな推しの表情を思い出してみましょう。

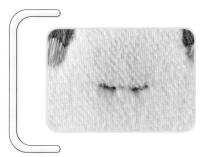

3 ▶▶ 口

口はいちばん表情が出しやすいパーツです。涙目や困り眉の場合でも最終的な表情は口で決まります。また、口は形だけでなく大きさの変化もつけやすいです。色によっては口紅の表現をすることもできます。

4 ▶▶ 髪

髪の毛は全体を占める割合が高いので目がいきやすい重要なポイントのひとつです。アイドルはヘアアレンジも多いので、自分の好きな推しの髪型を見つけて、どんな構造になっているのか分解して観察することが大切です。

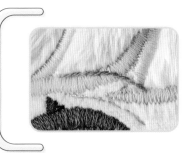

5 ▶▶ 眉毛

眉毛は表情を構成するパーツのひとつです。太さや剃り込みなど、キャラや人によっては眉毛がチャームポイントになります。角度や眉頭、眉山の位置、左右の眉毛間の距離をしっかりとらえましょう。

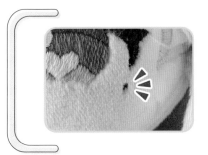

6 ▶▶ ワンポイント

顔を構成するパーツは目と鼻・口・眉毛だけではありません。ホクロやそばかす、ひげやえくぼなどは小さいですが、そのキャラや人だけの大切なポイントです。見落とさないようにしっかり観察しましょう。

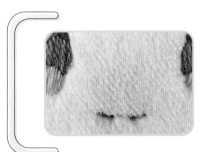

7 ▶▶ 鼻

ぬいぐるみの顔は鼻が省略されていることが多いですが、大きさや形が特徴的で、鼻がチャームポイントになっているキャラや人もいます。無理になくそうとせず、刺繍をしたり布を貼り付けたりして表現してみてください。

組み合わせ次第でパターン無限大!

ぬいぐるみの表情パターン

ここでは、ぬいぐるみの表情のパターンを紹介します。
推しにちかい目や口を探してみましょう。図案は実寸大で
型紙に写して使うことができます。形や色の組み合わせ次第で
あなただけの推しぬいデザインを作りましょう!

ゆるやかグラデーションでおっとり顔

まろ眉

個性的なぽってり短い眉毛
は、品があっておっとりし
た印象になります。

×

うとうと目

まぶたが重めの眠そうな目
は、あえてまつ毛がないの
もポイント。

×

三角口

少しだけひらいた三角の形
の口はあどけない表情に
ぴったり!

ハート型のハイライトとウインクで、アイドルの表情

さがり眉

ゆるやかにさがった眉毛で
おだやかな印象に。どんな
子にも使いやすい眉毛で
す。

×

きゅるるん目

ハイライトの形と数がポイ
ント。ウインクを反転させ
ればにっこり目としても使
えます。

×

笑顔口

ちらっとのぞく白い歯と満
面の笑みの口はアイドル
キャラにもぴったり。

ダイヤ型の瞳孔といたずらっぽい表情が魅力的

 アーチ眉

ゆるくアーチを描いたつり気味の眉毛でかっこいいイケメン感がUPします。

×

猫目

つりあがった目尻がかわいい！ まつ毛の隙間の表現がポイント。

×

 八重歯

にかっと笑った口から、チラッと覗く八重歯が個性的なお口です。

瞳の中で月が輝く　じっと見つめるまんまる目

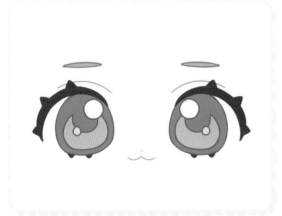

 平行眉

韓国風のアイドルにも多い平行眉はおだやかな印象にしてくれます。

×

まんまる目

ひとみ部分がまんまるで、真摯に見つめるかわいいお顔になります。ぽってり幅のあるまつ毛もかわいい♥

×

 猫口

「ω」のような形の猫口はきまぐれでいたずら好きなキャラにぴったりです。

存在感のある下まつ毛もポイントのセクシーな表情

 強気眉

まっすぐでキリッとした眉毛は強気な表情を演出してくれます。

×

たれ目

下がった目尻と、下向きのまつ毛のセクシーな目。長くて濃い色の下まつ毛は存在感抜群です。

×

 ムスッと口

お山を描いた口は不機嫌そうな表情にもクールな表情にも使えます。

暗めの配色のつり目に舌出しのアクセント

つり眉

×

つり目

×

舌出し口

眉山のところでつっているつり眉は、角度と眉尻の細さがポイントです。

猫目よりも細く、きゅっとつりあがった目尻がクール！　つり眉との相性も抜群です。

いたずらっこやおてんばキャラにぴったり！　舌をなくせばにっこり口としても使えます。

抱きしめてあげたくなる！　泣き出しそうな表情

困り眉

×

涙目

×

はわわ口

ハの字型の眉毛は困り顔や呆れ顔にぴったりの眉毛です。

今にも涙がこぼれそうな瞳はゆるんだ輪郭と大粒のハイライトが特徴的！

泣いている表情やあわてているときに使えるはわわ口はうっかりさんや弱気キャラにおすすめです。

吸い込まれそうな瞳が際立つ　ミステリアスな表情

太眉

×

三白眼

×

ぽかーん口

ずっしり太めな眉毛は存在感があり、チャームポイントになることまちがいなし！

左右下の三方に白目が見える三白眼はどこかミステリアスな雰囲気。ハイライトがないのもポイントです。

驚いたときのぽかーんとしている口は、あどけなさもあって三白眼の雰囲気をやわらげてくれます。

刺繍で変わる印象のちがい

ぬいぐるみにとって命ともいえる顔は、同じデザインや配色でも、刺繍のやりかたや使う刺繍糸によって印象が変化します。ちがいを比較して、理想の推しぬいにちかづけてみてください！

グラデーションの向き

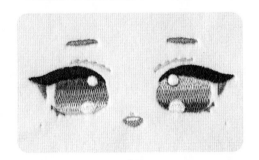

グラデーションの濃淡の向きは
濃い色→薄い色にすると、
ハイライトが映えて
落ち着いた印象になります。

ラメ糸を使う箇所

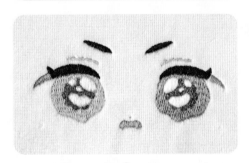

ラメ糸はハイライトに使うと
うるうるした印象に、
瞳に使うと顔全体が
華やかな印象になります。

白目の刺繍の有無

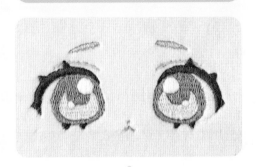

白目部分の刺繍をすると、
瞳が強調されてよりはっきりした
印象に。刺繍をしないと
ナチュラルな印象になります。

二重線や目尻の色

まぶたの上の二重線や
粘膜部分を黒くすると、
はっきりして
かっこいい印象になります。

かわいいぬいぐるみの最重要パーツ

ぬいぐるみの顔のつくりかた

ここではぬいぐるみにとって命ともいえる顔のつくりかたを
紹介します。ぬいぐるみの印象を大きく左右する顔は、
ぬいぐるみづくりの中でもとても大切な工程です。
特に丁寧につくっていきましょう。型紙はP98をCheck！

準備をする

① 接着芯をつける

肌用の生地に接着芯をつけます。接着芯をつけ
ることで刺繍をしたときに歪みにくくなります。
アイロンで接着する前に、刺繍の図案をあてて
位置を確認しておきます。

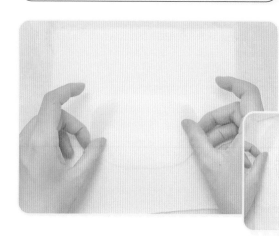

② 顔と前髪の型紙を写す

顔と前髪の型紙を裁断ラインでカットしておき
ます。毛の流れを確認してから裏面を上にして
置き、顔と前髪の線が重なるように描き写しま
す。前髪刺繍をしない場合は④に進みます。

Point

裏側なので型紙も裏面
にして写します。左右
非対称の髪型は注意し
ましょう。

③　顔部分をくり抜く

②で顔を写した生地の顔の部分をくり抜きます。くり抜いた部分に毛がはみ出している場合はカットしておきましょう。

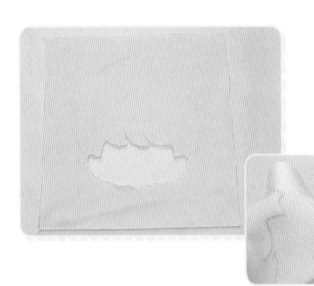

顔をつくる

④　生地を刺繍枠にセットする

①で準備した肌用の生地と、③で準備した髪用の生地、図案を写した刺繍シートをそれぞれ表面を上にして重ね、刺繍枠にセットします。刺繍シートは③でくり抜いた部分に合わせます。

Point

前髪刺繍をしない場合は肌と刺繍シートのみはさみます。

⑤　しつけ縫いをする

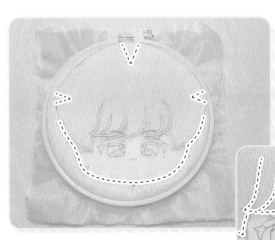

裁断ラインの上をしつけ縫いしておきます。しつけ縫いはあとから型紙を写すときの目印にもなります。刺繍枠に収まらなくても、ダーツの三角の位置をきっちりしつけておけばOK！

Point

前髪をミシンで顔に縫いつけるときは、前髪もしつけ縫いをしておきます。

⑥ 顔の刺繍をする

顔の刺繍と前髪刺繍をします。

顔の刺繍のやりかたはP44をCheck！
前髪刺繍のやりかたはP58をCheck！

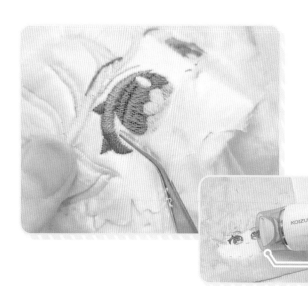

⑦ 刺繍シートをはずす

刺繍枠から生地をはずして、刺繍シートをはずしていきます。刺繍をしたところから破ってはずすことができます。小さな隙間が多くて刺繍シートがはずしにくいときは水で溶かしましょう。

Point

消えるボールペンで図案を写しておけば、隙間に残った刺繍シートのインク残りをドライヤーの熱で消すことができます。

⑧ 余分な毛をカットする

前髪の刺繍からはみ出した髪の毛足をカットします。肌の生地も、口やほくろなど小さな刺繍は毛足に埋もれて輪郭がぼやけてしまうことがあるので、まわりの毛足をカットしてととのえます。

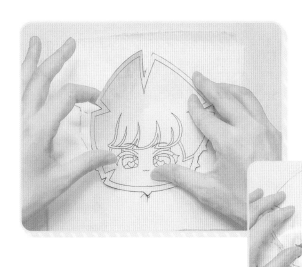

9　型紙を写す

生地を裏返して、しつけ縫いしたところを目印に合わせながら型紙を写していきます。このとき、縫製ラインも写しておきましょう。

10　生地をカットする

❾で写した裁断ラインに沿って生地をカットします。

ワンランクアップ講座　**もみあげやサイドヘアがあるときのやりかた**

顔からはみ出る前髪の生地は、前髪の型紙に沿ってカットします。顔をカットするときに、まちがえて顔といっしょにカットしてしまわないように注意しましょう。

焦らず一針一針丁寧に

顔の刺繍の
やりかた

顔の刺繍はぬいぐるみの中でもいちばん目立つ重要な部分です。
時間がかかっても丁寧に刺しすすめていきましょう。
刺繍のやりかたやステッチに正解はないので、
慣れてきたらいろいろ研究してみてください♪

目の刺繍をする

1 図案を下縫いする

アウトラインステッチかバックステッチの1本取りで、パーツごとに色分けしながら図案をなぞるように刺繍します。ハイライトやハートの反射光は、下縫いしたあと糸を切らずにそのまま続けてサテンステッチで埋めます。

Point

サテンステッチは下縫いをまたぐように刺繍すると、フチのラインがキレイに揃います。

2 二重線、口、ほくろを刺繍する

二重線は1本取りのアウトラインステッチで細かく丁寧に刺繍します。口は1本取り、ほくろは2本取りのストレートステッチでそれぞれ刺繍していきます。

③ アイラインとまつ毛を埋める

アイラインを2本取りのサテンステッチで埋めていきます。はじめに一定の間隔でガイドの刺繍をしておくと、ステッチの向きや角度がずれにくくなります。

Point

アイラインの目尻に続けてまつ毛もサテンステッチで刺繍しておきます。

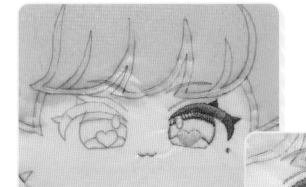

④ 瞳の中を埋める

瞳の影になる上段をサテンステッチ、瞳の中央の段をロングアンドショートステッチ、最後に反射光をサテンステッチで刺繍します。ここではすべて1本取りで刺繍しています。

Point

ロングアンドショートステッチの幅を短くすることで、ミシン刺繍のような仕上がりになります。

眉毛の刺繍をする

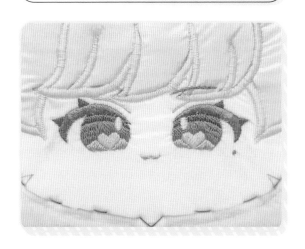

⑤ 眉毛を刺繍する

前髪の上から眉毛を刺繍していきます。今回は1本取りのアウトラインステッチで刺繍しています。幅がある眉毛のときは図案をなぞるように下縫いしてからサテンステッチで埋めていきます。

瞳の存在感がUP！

瞳のフチどりの やりかた

前のページではアウトラインステッチでフチどりをしてから
瞳の中を埋めていくやりかたを紹介しました。
ここではサテンステッチで瞳のフチをつくる刺繍のやりかたを
紹介していきます。

1 図案を下縫いする

アウトラインステッチかバックステッチの1本取
りで、パーツごとに色分けしながら図案をなぞ
るように刺繍します。ハイライトやハートの反
射光は、下縫いしたあと糸を切らずにそのまま
続けてサテンステッチで埋めます。

Point

サテンステッチは下縫
いをまたぐように刺繍
すると、フチのライン
がキレイに揃います。

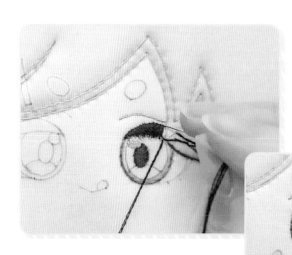

2 アイラインとまつ毛を 刺繍する

2本取りのサテンステッチで①の下縫いをまたぐ
ように埋めていきます。前髪がかかっている部
分は刺繍しないようにしましょう。

Point

粘膜部分は下縫いした
あと、そのままサテン
ステッチで埋めておき
ます。

③ 瞳の内側を刺繍する

瞳の内側を1本取りのアウトラインステッチで刺繍します。続けてロングアンドショートステッチで中を埋めていきます。

Point
反射光は1本取りのサテンステッチで埋めます。

④ フチを埋める

①の外側から針を出し、③の際に刺します。ブロック分けするイメージでガイドを刺繍してから間を埋めていくとキレイな放射状になります。

Point
内側の瞳との間に隙間ができないように注意します。

⑤ 白目としたまつ毛の刺繍をする

1本取りのサテンステッチで白目を埋めていきます。粘膜の際から針を出して、④の際に刺します。最後に1本取りのストレートステッチで下まつ毛を刺繍したら、完成です。

ゆるやかな色の変化がキレイ

グラデーションの目のやりかた

ここでは、ぬいぐるみの瞳のグラデーションの
刺繍のやりかたを紹介します。
キレイなグラデーションで、
ワンランク上のぬいぐるみに挑戦してみてください！

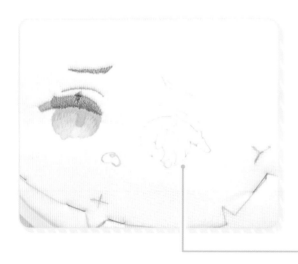

① 刺繍シートに図案を写す

刺繍シートに顔の図案を写します。グラデーションの色変えのガイドも書いておきます。

Point

色変えは階層が多いほうがグラデーションがなめらかになります。

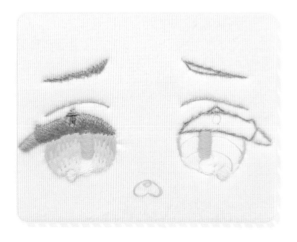

② 図案を下縫いする

アウトラインステッチかバックステッチの1本取りで、パーツごとに色分けしながら図案をなぞるように刺繍します。ハイライトの反射光は、下縫いしたあと糸を切らずにそのまま続けてサテンステッチで埋めます。

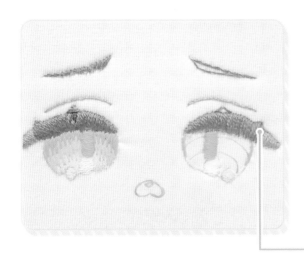

③ アイラインを埋める

アイラインを2本取りのサテンステッチで埋めていきます。お好みで1本取りで刺繍してもOK！

Point

今回は横にひろいまつ毛なので、まぶたといっしょにまつ毛も縦に刺繍しました。

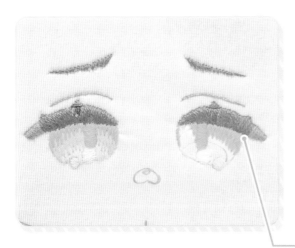

④ 瞳の上段を埋める

ロングアンドショートステッチで瞳の幅の広い部分を埋めます。長短の長さをガイドに合わせることで整然とした美しい仕上がりになります。今回は2本取りですが、1本だとより繊細なグラデーションになります。

Point

アイラインと瞳に隙間ができないように、アイラインの際に刺すように心がけましょう。

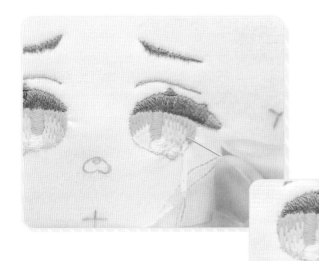

⑤ 瞳の中段と下段を埋める

中段は長短を上段に合わせながら下から針を出し、上段と同じ針穴に刺します。下段は下側のフチの外から針を出し、中段と同じ針穴に刺していきます。

ほんのり染まった肌がキュート！

メイクのやりかた

ぬいぐるみの頬や鼻先にメイクをほどこすことで、
生地本来の色や刺繍では表現できない淡い血色感を
出すことができます。メイクのポイントやコツを押さえて
ワンランク上のぬいぐるみの表情に挑戦してみましょう。

準備をする

1 チークとブラシを用意する

メイクに使うパウダー状の塗料とブラシを用意
します。塗料は人間用のチークする場合は、タ
ルクなどの油分の入っていないものを選びな
しょう。

今回使用したアイテム

- **フィギュア用塗料（パウダータイプ）**

メイクをする

2 ブラシにチークをうすく取る

塗料をうすくなでるようにしてブラシに取りま
す。つけすぎた場合はティッシュや生地の端切
れで調整します。

③ 塗料をつける

ぬいぐるみの頬と鼻先に、ポンポンとのせるようなイメージで塗料をつけていきます。

Point

生地や塗料の種類によって色ののりかたがちがうので、ぬいぐるみにつける前に肌用の生地の端切れで試してみるのがおすすめです。

ワンランクアップ講座 胴体のメイクポイント

顔のメイクができたら、胴体のメイクにも挑戦してみましょう。胴体にもほメイクをほどこすことで、血色感が出てよりかわいいぬいぐるみになることまちがいなし！

手足の先

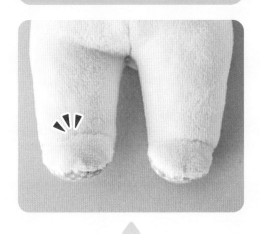

お洋服を着せていてもちらっとのぞく手先はメイクポイント。

胸・へそ周り

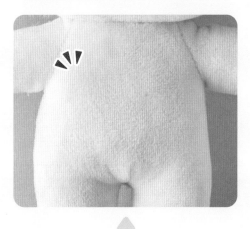

胸やへそ周りにもメイクをすることで立体感を演出できます。

ラインストーンで瞳のきらめきUP！

目をもっとキラキラさせたいときはラインストーンを使うと
刺繍にはないキラキラ感を出すことができます。
かたい質感のラインストーンは小さくても生地や刺繍糸の上で目立ちます。

用意するもの

- ラインストーン（色・サイズはお好みで）
- 手芸のり
- つまようじ
- ピンセット

1 手芸のりをつける

つけすぎないように手芸のりを紙などに出して
から、つまようじにすくってつける。

2 ラインストーンをおく

❶で生地につけた手芸のりの上にピンセットを
使って、ラインストーンを置いておさえる。

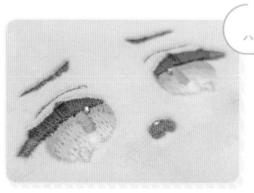

きらっと輝く
ハイライトの完成！

ワンランク上の「髪づくり」

パーツごとにわけて
捉えるとつくりやすい

Part3では、いろいろな髪のつくり
かたを解説しています。構造をしっ
かり理解して、理想の推しに近い髪
型をさがしてつくってみましょう！

掲載型紙でつくれる

髪型カタログ

本書に掲載している型紙でつくれる髪型を紹介します。
前髪・うしろ髪・はさみこみパーツ・あとづけパーツを組み合わせれば、
ほかにもいろいろな髪型を再現することができます！

Style 01

ツインテール＆ポニーテール

つくりかた
P68・P69 〜 71

型紙
P100 〜 101

Style 02

お団子

つくりかた
P68・P72 〜 73

型紙
P100 〜 101

Style 03

三つ編み

つくりかた
P68・P74 〜 75

型紙
P100 〜 101

Style 04

ポンパドール＆ロングヘアー

つくりかた
P76 〜 77

型紙
P102・110

Style 05

ハーフアップ＆
エアインテーク

つくりかた
P78 〜 80

型紙
P103・107・110

Style 06

ツンツンヘアー

つくりかた
P81 〜 82

型紙
P104

Style 07

オールバックウルフ＆
ウルフヘアー

つくりかた
P83 〜 84

型紙
P105・110 〜 111

Style 08

目隠れ横流しヘアー

つくりかた
P85 〜 86

型紙
P107・111

Style 09

おしゃれ七三ヘアー

つくりかた
P68

型紙
P106

Style 10

ぱっつん前髪＆ボブ

つくりかた
基本のやりかたで
つくれる！

型紙
P108

理想の髪型にするために構造を理解しよう

髪パーツの構造

1 前髪

2 はさみこみパーツ

3 後頭部

4 あとづけパーツ

5 うしろ髪

1 ▶▶ 前髪

前髪は顔の印象にも関係する大切なパーツです。顔と重ねて後頭部と縫い合わせます。裏張りをしたり、顔に刺繍で縫いつけることもあります。基本的には1枚のパーツで構成されます。

2 ▶▶ はさみこみパーツ

顔と後頭部を縫い合わせるときにはさみこむパーツです。ソフトボアなどの生地を使うとき、生地の毛足だけでは表せない髪の立ち具合を表現するのに使います。アホ毛などもはさみこみパーツです。

3 ▶▶ 後頭部

後頭部パーツは2枚のパーツを縫いあわせて1枚のパーツになります。ショートなど襟足にあまり特徴がないキャラはうしろ髪はつけず後頭部パーツで髪を表現したほうがスッキリ仕上がります。

4 ▶▶ あとづけパーツ

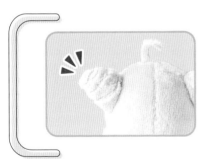

あとづけパーツは、縫い込まずに、頭部をつくってからあとづけするパーツです。あとづけなので、取りはずして位置を変えたり、別のパーツにつけかえたりしてあとからでも髪型を変えることができます。

5 ▶▶ うしろ髪

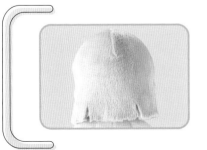

うしろ髪は髪の長いぬいぐるみをつくるときに使うパーツで、後頭部と重ねて顔パーツと縫い合わせます。正面から見るとうしろ髪の生地の裏側が見えるので、うしろ髪に裏張りをすることでより美しく仕上がります。

手縫いでもできる！

前髪刺繍の やりかた

顔に縫いつけてある前髪は、中韓ぬいの特徴のひとつです。
少し時間はかかりますが、手縫いでもやることができます。
髪の生地に合わせて刺繍糸を選び、
前髪刺繍に挑戦してみましょう！

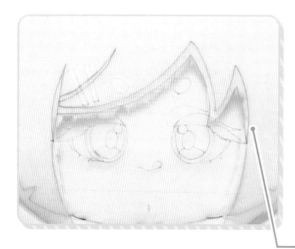

1　生地と刺繍シートを 刺繍枠にセットする

前髪の型紙と顔の図案を写した刺繍シートと髪用の生地、肌用の生地を重ねて刺繍枠にセットします。刺繍シートに図案を写すときに、刺繍部分のガイドも書いておきます。前髪の裁断ラインに5mmの幅をもたせるイメージです。

Point

髪用の布端が刺繍する範囲に必ず収まるようにします。ずれてしまう場合は、刺繍枠にセットしたあとで刺繍範囲を広げたり位置調整したり図案を修正しても◎

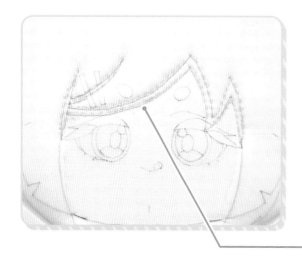

2　前髪を下縫いする

①で写した前髪の図案を1本取りのアウトラインステッチで下縫いします。縫い落としを防ぐために髪の生地を内側のラインで刺すようにしましょう。下縫いしておくことで刺繍シートが固定され、目の刺繍がしやすくなります。

Point

ミシンを使うときは、髪の生地を固定するように刺繍範囲内でしつけ縫いをしておきます。

3　目の刺繍をする

前髪のフチを刺繍したら、目の刺繍をします。
ヘアピンなどのアクセサリーがあるときはアク
セサリーも刺繍をしておきます。

Point

刺繍をするときはレイ
ヤーを意識します。刺
繍が重なると厚みがで
てしまうので、前髪が
重なる部分は目の刺繍
はしないでおきます。

4　ガイドを刺繍する

2本取りのサテンステッチで、下縫いしたところ
をまたぐように刺繍します。まずはブロック分
けするように刺しガイドをつくっておくと刺繍
がななめになっていくのを防ぐことができます。

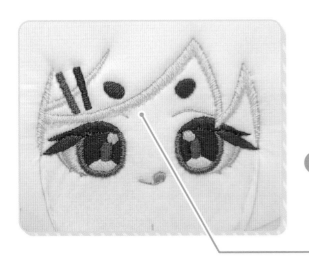

5　前髪を埋める

ガイドの刺繍を目印にしながら、下縫いしたと
ころをまたぐようにして隙間を埋めていきます。

Point

ミシンを使うときはジグザグ縫
いで刺繍します。縫い目を0.3〜
0.4mmと小さく設定し、振り幅を
変えながら図案に沿って縫いすす
めます。

髪の裏までこだわろう

裏張りのやりかた

生地の裏側に生地を貼る「裏張り」は、生地を補強したり、
厚みを出して型崩れを防いだりするために行います。
髪の裏張りは毛足のない生地がマストですが、
裏側が目立つロングヘアなどは髪用の生地を裏張りしても◎

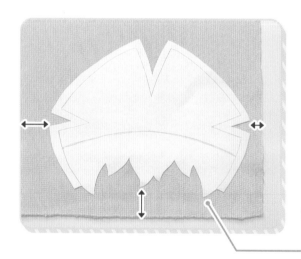

1 生地に型紙を仮置きする

髪の型紙を裁断ラインでカットします。生地の
毛の流れを確認し、生地の裏側に型紙を仮置き
します。布端は少し余白を持たせておきます。

Point

裏側からの作業なので、左右非対
象の髪型は注意しましょう。

2 両面接着芯と裏張り用の 生地の位置を確認する

裏張りのガイド部分がすべて覆えるくらいのサ
イズに裏張り用の生地をカットします。両面接
着シートは裏張り用の生地からはみ出さないよ
うに少し小さめに用意します。シートの上に表
面を上にした裏張り生地を重ねます。

Point

裏張りと切り替え位置のガイド
は目安です。隠れる部分なので
多少ずれてもOK。毛先はしっ
かり覆うようにしましょう。

③ 生地を接着する

型紙をはずしてアイロンをかけ、裏張り用の生地を接着します。シワが入っていないか、貼り合わせが不十分な箇所がないかをしっかり確認しておきます。

④ 型紙を写して
生地をカットする

型紙の裏張りのガイドを❸で生地を接着したところに合わせ、型紙を写します。型紙に沿って生地をカットしたら完成です。

 ワンランク
アップ
講座 **生地の段差が気になるときの対処法**

裏張りをすると、生地を貼りつけた部分と貼りつけていない部分に段差ができてしまいます。ボア生地のような厚みのある生地で段差が目立つ場合は、裏張りした生地の段差になるところの毛をカットすることで、厚みが抑えられて段差がなめらかになります。

髪型の再現の幅が広がる！

はさみこみパーツの裏張りのやりかた

くるんと可愛いあほ毛などの表現で大活躍のはさみこみパーツは、
前からもうしろからも見えるので、
裏張りしておくことで見栄えがよくなります。
両面が5mmボアのときの裏張りのやりかたを確認しましょう。

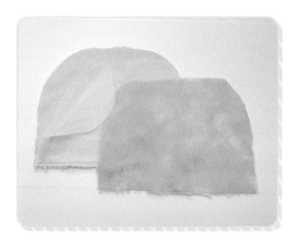

1 生地を接着する

はさみこみパーツの型紙がおさまる生地を2枚用
意し、裏張りするときと同じようにして、両面
がボアになるように貼り合わせます。

裏張りのやりかたは
P60 ～ 61をCheck ！

2 生地に型紙を固定する

❶で接着した生地に型紙を固定します。あとか
らはがすので、生地が傷まないようにマスキン
グテープで固定するのがおすすめです。

3 型紙にあわせて
生地をカットする

ボア生地の表面はチャコペンが使えないので、
固定した型紙に沿って生地をカットしていきま
す。

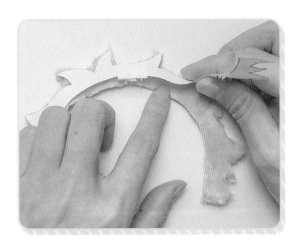

4 型紙をはずす

生地が傷まないように注意しながら、ゆっくり
型紙をはずしていきます。

5 毛をととのえる

はみだした毛をカットして、シルエットをとと
のえます。

きれいなグラデーションをつくろう

生地の染めかた

推しの髪色を忠実に再現したいときや、
グラデーションヘアーにしたいとき、生地を自分で染めて
理想の色やグラデーションをつくることができます。
生地の染色は染め粉だけでなく、染める生地の色選びも大切です！

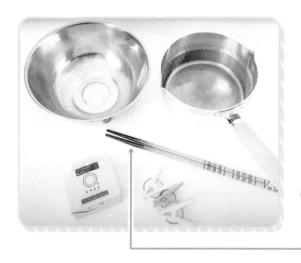

① 道具を用意する

お好みの色の染め粉、ボウルなどの耐熱容器、鍋、
菜箸、洗濯バサミまたはカーテンクリップを用
意します。ゴム手袋や紙コップもあると便利で
す。

Point

道具は生地といっしょに
染まってしまうので、専
用のものを用意します。

② 生地の毛の流れを
確認する

やさしくなでて、グラデーションにしたい生地
の毛の向きを確認しておきます。毛の向きが逆
だと、グラデーションの向きも逆になってしま
います。

今回使用した生地

● 毛足5mmのフェイクファー

3 水で生地を洗う

耐熱容器に水を入れ、軽く生地を洗います。洗剤を使う必要はありません。

4 生地をつるす

洗濯バサミやカーテンクリップで生地をはさみ、菜箸を通して生地をつるします。

ワンランク
アップ
講座

生地のつるしかた～洗濯バサミ編～

カーテンクリップにはフックがついていますが、洗濯バサミを使うときは、洗濯ハサミのリングに菜箸を通します。

生地を菜箸に巻きつければ、長さを調整することもできます。

⑤ 染色液をつくる

紙コップなどに染め粉を入れ、少しお湯を注ぎ
ます。お湯を少しずつ足しながら、菜箸でザラ
ザラ感がなくなるまでよく溶かします。

⑥ お湯に染色液を溶かす

鍋に600mlのお湯を沸かして、⑤でつくった染
色液を入れます。このとき、必ず弱火にしてお
きます。染め粉に付属している濃縮促進剤も、
染め粉と同じくらいの量を入れておきます。

⑦ 染めたい位置まで生地を浸す

④でつるした生地を、染めたい位置を確認しな
がら鍋に浸します。このとき、生地を張った状
態にしておくとキレイに染まります。長く浸す
ときは菜箸を引っ掛けて固定しておくのがおす
すめです。

Point

浸す時間によって濃さが変化する
ので、段階的に引き上げるとゆる
やかなグラデーションになります。

8 お湯に入れて時間をおく

生地を耐熱容器からにお湯をいれた耐熱容器に
移します。温度が下がるまで、放置します。

> **Point**
> ポリエステルは温度が急激に変化す
> るとシワがよってしまうことがある
> ので、必ずお湯を用意しましょう。

9 洗剤で生地を洗う

色が出なくなるまで食器用洗剤で生地を洗いま
す。

10 生地を乾かす

洗った生地をタオルドライして、乾かします。
乾燥したら染色した部分を白い布で擦ってみて
色移りしないか確認しましょう。色移りがある
場合は **9** を繰り替えします。黒や濃色の場合は
色落ち、色移りを完全に防ぐことができない場
合があります。

くるんとかわいいチャームポイント

はさみこみパーツの つくりかた

アニメ漫画のキャラクターでよく見る頭のてっぺんから
くるんと飛び出したチャーミングな髪の毛やツンツンした髪型は、
大切な推しのチャームポイント！
ここでははさみこみ髪のつくりかたを紹介します。

1 使いたいはさみこみパーツを 裏張りしてカットする

裏張りをして、使いたい型紙の形に生地をカットします。

はさみこみパーツの裏張りのやりかたは
P62 ～ 63をCheck ！

2 顔に合わせて仮縫いする

はさみこみパーツを顔にあてて位置を確認し、
ずれないように縫いしろに仮縫いしておきます。

hair style

ツインテール＆
ポニーテールのつくりかた

王道の髪型のひとつ、ツインテールとポニーテールは
テールパーツを縫いつける位置を変えれば、
同じパーツでつくることができます。あとづけパーツなので、
お好みで髪型を変えて楽しむことも◎　型紙はP101をCheck！

1 テールパーツを
縫い合わせる

生地にテールパーツの型紙を写してカットします。テールパーツ2枚を中表に重ねて縫い合わせます。このとき、返し口は縫わずにあけておきます。

2 カーブに切れ込みを入れる

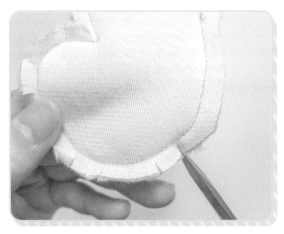

カーブ部分に切れ込みを入れておきます。縫い目まで切ってしまわないように注意しましょう。

③ テールパーツを表に返して綿を入れる

②でつくったテールパーツを返し口から表に返して、中に綿を詰めます。

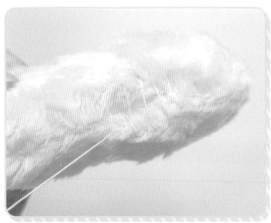

④ 返し口をとじる

返し口をコの字とじでとじます。

⑤ 髪の模様を刺繍する

縫い目から針を刺し、バックステッチで刺繍します。このとき表裏どちらもバックステッチの模様になるように内部で針の角度を調整しながら刺します。毛足がある髪だと糸は埋もれるので多少いびつでもOK！ ぎゅっと糸を引き締めながらすすむと模様が表現できます。

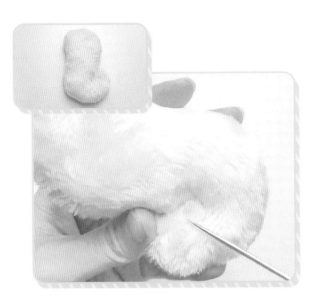

6 毛をととのえる

❺の刺繍で埋もれた毛を針や目打ちでかき出しておくと刺繍糸が隠れて目立ちません。ツインテールにしたいときは、❶〜❺をくり返してテールパーツをもうひとつつくっておきます。

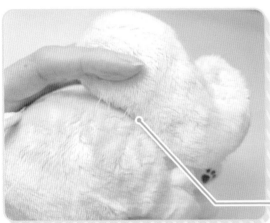

7 ぬいぐるみ本体に 縫いつける

綿を入れたぬいぐるみ本体のお好みの位置にテールパーツをコの字とじで縫いつけて、完成です。

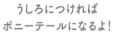

Point

ケモ耳と同じ要領でゴムに縫いつけると簡単に取り外し可能になります。

うしろにつければ
ポニーテールになるよ！

71

巻きつけてつくる

お団子ヘアーの
つくりかた

大きなふたつのお団子は存在感があって、目立つことまちがいなし！
ここでは綿を使わないタイプのお団子のつくりかたを紹介します。
巻きつけた生地の段差でリアルなお団子の質感を再現します。
型紙はP101をCheck！

① お団子パーツを折る

裏張りした生地にお団子パーツの型紙を写して
カットします。生地の毛の流れを確認しておき
ましょう。カットしたパーツは少しずらして折っ
ておきます。

裏張りのやりかたは
P60～61をCheck！

② お団子パーツを巻く

①で用意したお団子パーツを太いほうからくる
くる巻いていきます。巻きかたは自由なので、
ゆるっと巻いたり逆から巻いたり好みの巻きか
たを探してみましょう。

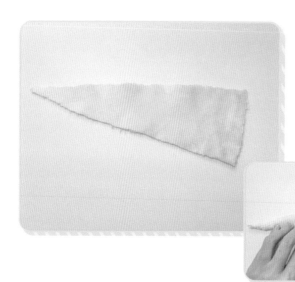

Point

少しずらしながら巻いて
いくのがポイント！

③ お団子パーツを縫いとめる

巻いたお団子がほどけないように、お団子パーツの端をしっかり縫いとめておきます。生地が厚く固いときはペンチを使うと便利です。

④ お団子の位置を確認して、本体に縫いつける

綿を詰めたぬいぐるみ本体のお好みの位置にお団子パーツをぐるっと1周コの字とじで縫いつけて、完成です。

お団子を
下向きにつけて
かんたん
イメージチェンジ！

本当に編んでつくる！

三つ編みの つくりかた

アイドルのヘアアレンジでもよく見かける三つ編みを
ぬいぐるみでも再現！　実際に編んでつくるから縫う工程も
すくなくて、初心者でもかんたんにつくることができます。
型紙はP101をCheck！

① 根元を折り返す

三つ編みパーツの根元を1cmくらい生地の裏側
に折り返します。

② 根元を巻いて、 根元を縫いとめる

①で折り返した根元を、ずれないように気をつ
けながら端からくるくると巻いていきます。根
元がほどけないようにしっかり縫いとめておき
ます。

③ 三つ編みを編み込む

それぞれの束を、生地の裏が見えないように半分に折りながら、三つ編みパーツを編み込んでいきます。

Point

きつく編み込みすぎると、三つ編みが歪んでしまうので注意しましょう。ゆるく編むと三つ編みは真っ直ぐになります。

④ 毛先をゴムでしばる

毛先を2～3cm残して、毛先をゴムでしばります。ほどけてしまわないようにきつめにしばります。キッズ用の小さめのヘアゴムがおすすめ！

縫いつけかたは
P71をCheck！

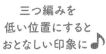

三つ編みを
低い位置にすると
おとなしい印象に♪

すこし高めの位置にすると
おてんばな印象になるよ！

でこ出しスタイルで表情もよく見える

ポンパドールの つくりかた

男女問わず似合うふんわりと前髪をアップにする
ポンパドールスタイルは、ぬいぐるみの目や眉毛がかくれないので、
表情がよく見えてとってもかわいく仕上がります。
ロングヘアーとの相性も抜群◎ 型紙はP102をCheck！

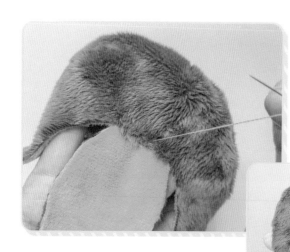

1 前髪にポンパドールを
縫いつける

裏張りしておいた生地に型紙を写してカットし、
ポンパドールパーツをつくっておきます。つくっ
たポンパドールパーツを前髪の裏側に縫いつけ
ます。

2 ぬいぐるみを組み立てて
ポンパドールパーツを巻く

頭部と胴体を縫い合わせて綿を詰め、ぬいぐる
みを組み立てます。組み立てたら、ポンパドー
ルパーツをうしろ側にゆるく巻きます。

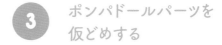

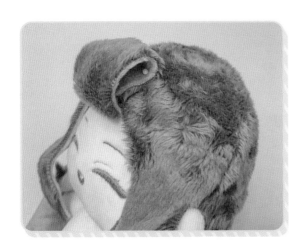

3 ポンパドールパーツを
仮どめする

❷で巻いたポンパドールパーツをまち針で仮ど
めします。横や正面からバランスを確認して、
巻き具合を調整します。

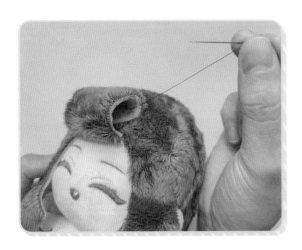

4 ポンパドールパーツを
縫いとめる

ポンパドールパーツの端を縫い止めて、固定し
たら完成です。

ワンランク
アップ
講座 **インナーカラーのやり方**

おしゃれなインナーカラーは、裏張り
するときに生地の色を変えるだけで再
現できます。実際の推しの髪色に合わ
せたり、ちらっと見えるインナーカラー
にメンバーカラーやイメージカラーを
いれてもかわいいですよ！

ふわっと立体的な前髪がキュート♥

ハーフアップ＆
エアインテークのつくりかた

アニメキャラでよく見る、
ふわっと浮いた立体的なエアインテークと、
うしろで結んだ髪がかわいいハーフアップの
つくりかたを紹介します。型紙はP103・107をCheck！

ハーフアップをつくる

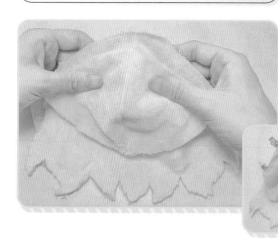

1 後頭部をすべて重ねて
仮縫いする

ハーフアップ2枚を中表で縫いあわせてひらいて
おきます。内側から、後頭部→うしろ髪→ハー
フアップの順に重ねて、仕上がり線の外側で仮
縫いします。3枚重ねなので、ずれないように注
意しましょう。

2 ぬいぐるみを組み立てる

綿を詰めてぬいぐるみを組み立てます。

③ 毛束をつくる

毛束2枚を中表に重ねて縫い合わせます。このとき、返し口は縫わずにあけておきます。カーブ部分には切れ込みを入れておきます。

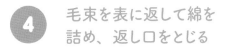

④ 毛束を表に返して綿を詰め、返し口をとじる

③でつくった毛束を返し口から表に返して、中に綿を詰めます。あまり綿を詰めすぎないようにしましょう。綿を詰めたら、返し口をコの字とじでとじます。

⑤ 毛束の位置を確認して、本体に縫いつける

ハーフアップのフチのあありに毛束を合わせ、ぐるっと1周コの字とじで縫いつけたら、ハーフアップの完成です。

エアインテークをつくる

6 生地を用意して
インテークを縫いとめる

裏張りした生地にインテークの型紙を写して
カットします。インテークを根元から折り返す
ように位置を合わせ、まち針で固定し、根元の
部分を縫いとめます。

Point

インテークの浮かせ具
合を確認しながら調整
します。

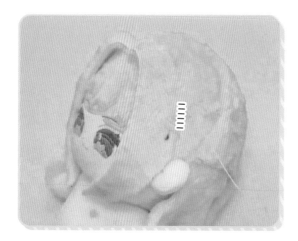

7 インテークの側面を縫う

インテークの浮き具合をもう一度確認して、側
面をかがり縫いで縫いつけます。髪の生地に毛
足のあるボアやファーを使うと縫い目が目立ち
ません。

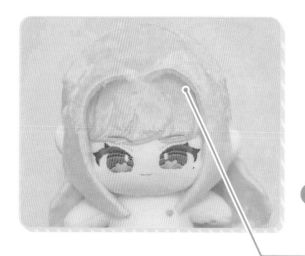

8 形をととのえる

左右のバランスを確認しながらインテークの形
をととのえたら、完成です。

Point

インテークが長い場合は好
みの長さ、形になるように
あとからカットしてもOK！

ツンと立った髪がかっこいい！

ツンツンヘアーの
つくりかた

サイドからツンと立った髪が特徴のベーシックな
ショートヘアーのつくりかたを紹介します。
中韓ぬいは貼りつけパーツが少ないので、ツンツンした髪の
再現のしかたを確認しましょう。型紙はP104をCheck！

1 ツンツンパーツを用意する

裏張りした生地をカットして、ツンツンヘアー
のはさみこみパーツを用意します。

はさみこみパーツの裏張りのやりかたは
P62 〜 63をCheck！

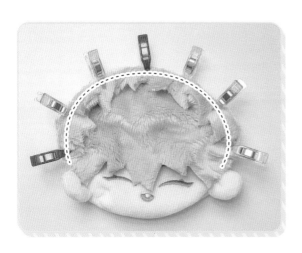

2 ツンツンパーツを合わせて
縫い合わせる

❶でつくったツンツンパーツを顔に合わせ、ク
リップなどで仮どめして縫製ラインの外側で仮
縫いをして、後頭部と縫いあわせます。

3 表に返して形をととのえる

❷でつくったパーツを表に返して、ツンツンを立たせるようにととのえたら完成です。

ワンランクアップ講座

生地選びを工夫しよう

髪は生地選びで表現の幅が広がります！　毛足の長いファー生地を使うときはツンツンパーツがなくてもOK。5mmボアやソフトボアとはまたちがった印象の髪型をつくることができますよ。ヘアカットで部分的に長さやボリュームを調整しても◎

ファー生地	ラビットファー

毛足が長く束間のあるファー生地は、かんたんにツンツンヘアーや襟足をつくれます。ソフトボアとはちがったロックな印象です。

ラビットファーを使うと、ふわふわもこもこの髪の毛を再現できます。天然パーマの子にもおすすめです。

オールバック＆
ウルフヘアーのつくりかた

クールなオールバックと、ワイルドなウルフヘアーの相性は抜群！
イカした髪型でかっこいい推しをアピールすることができます。
オールバックパーツの色を変えればメッシュにも◎
型紙はP105・P110〜111をCheck！

ウルフヘアーをつくる

1 ぬいぐるみを組み立てる

裏張りしたウルフヘアーのうしろ髪を使ってぬいぐるみを組み立てます。

裏張りのやりかたは
P60〜61をCheck！

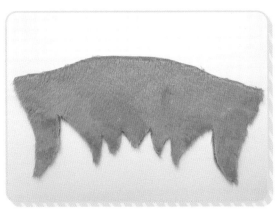

2 下髪を用意する

裏張りした生地をカットして下髪を用意します。

③ 下髪を縫いつける

うしろ髪をめくり、耳の上くらいの位置に合わせて下髪をまち針で仮止めします。うしろ髪をおろして襟足の長さを確認しながらぬいぐるみ本体に縫いつけます。

オールバックをつくる

④ オールバックパーツを仮どめする

センターバック1枚、サイドバック2枚を裏張りしてカットします。位置を確認しながらまち針で仮どめしておきます。

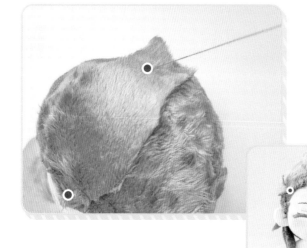

⑤ オールバックパーツを縫いつける

おでこの生え際と毛先をそれぞれ縫いとめます。ソフトボアなど毛足の短い生地の場合は手芸のりで貼りつけてもOK。

長めの襟足がクール！

襟足のつくりかた

すこし長めの襟足はクールな正面からも見えて、
クールでセクシーなキャラクターにぴったりの髪型です。
2枚のうしろ髪を使う襟足のつくりかたを押さえていきましょう。
型紙はP111をCheck！

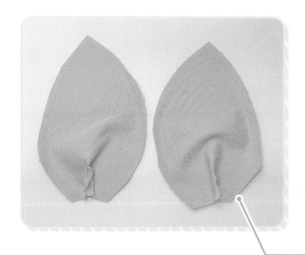

1 後頭部を用意する

後頭部を2枚カットして、ダーツを縫っておきます。

Point

生地の厚みを抑えるためにソフトボアやナイレックスなどの毛足の短い生地を使います。

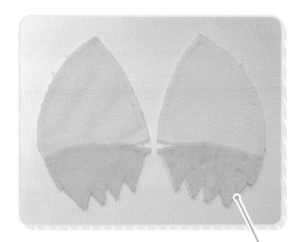

2 襟足を裏張りしてカットする

髪用の生地を裏張りして、襟足の型紙を写してカットします。襟足は2枚用意し、それぞれダーツを縫っておきます。

Point

後頭部と同じく、裏張り用の生地は毛足の短いものを選びましょう。

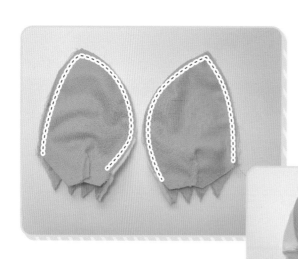

③ 襟足と後頭部を縫い合わせる

❶と❷を重ねて、縫製ラインより外側で仮縫いしておきます。これを左右2つつくっておきます。

④ 中央を合印まで縫い合わせる

❸で縫い合わせた後頭部2枚を中表で重ねます。しっかり合わせたら、合印のところまで縫い合わせます。頭部をつくり、胴体を縫い合わせて綿を詰めておきます。

⑤ 後頭部を縫いとじる

襟足部分は2枚重ねになっているので、一針一針丁寧にコの字とじで縫います。途中から後頭部1枚になるので、糸をしっかり引き締めて襟足の分け目が自然になるように縫いとじます。

ワンランク上の「推しぬいづくり」

プラスアルファで もっとかわいく！

Part4では、ぬいぐるみをもっとかわいくするケモ耳や骨入れのつくりかたを解説しています。ケモ耳でぬいを飾りつけたり、骨を入れてポージングさせたりして、ぬい活をもっと楽しくしましょう。

大きなお耳で愛くるしさUP！

ネコ耳 & イヌ耳の つくりかた（縫込み式）

ケモ耳は可愛いだけでなく、オリジナリティを出すのにも最適！
ここではネコ耳の型紙を使ってつくりかたを紹介していきます。
イヌ耳もお同じつくりかたでつくれますよ。

型紙はP109をCheck！

ネコ耳をつくる

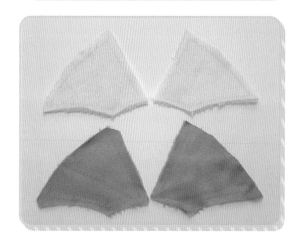

1 生地を用意する

生地の毛の流れをしっかり確認して型紙を写し、生地をカットします。今回は内側と外側各2枚づつ、ぜんぶで4枚のパーツが必要になります。

2 内側と外側を 中表で縫い合わせる

内側と外側の生地を1枚づつ中表で重ねて、縫い合わせます。返し口は縫わずにあけておきます。

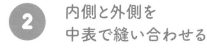

Point

カーブの縫いしろをカットしたり切れ込みを入れたりしておくと、表に返したときに仕上がりがキレイになります。

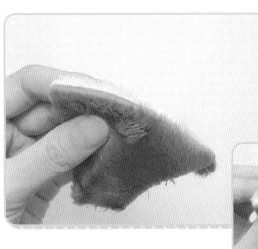

3 生地を表に返す

❷でつくったパーツを表に返します。縫い込んだ部分は毛が中に入り込んでいるので、針などでやさしくなでて整えましょう。

Point

縫込み式ではなく着脱式にしたい場合はここで返し口をとじておきます。

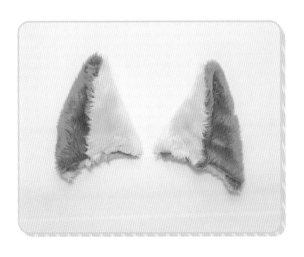

4 耳を折って縫いとめる

耳を折線で折り、縫いとめます。耳はこれで完成です。

顔に縫い合わせる

5 顔パーツに縫い合わせる

位置を確認しながら顔に合わせ仕上がり線の外側に仮縫いします。

ゴム紐でかんたんに着脱できる！

ウサ耳＆クマ耳の つくりかた（着脱式）

ケモ耳は可愛いだけでなく、オリジナリティを出すのにも最適！
こではウサ耳の型紙を使ってつくりかたを紹介していきます。
クマ耳もお同じつくりかたでつくれます。縫込み式にしてもOK。
型紙はP109をCheck！

ウサ耳をつくる

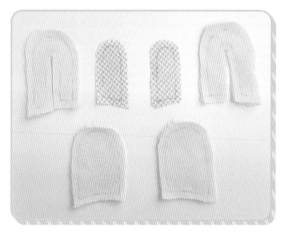

1 生地を用意する

生地の毛の流れをしっかり確認して型紙を写し、生地をカットします。今回はA、B、C各2枚づつ、ぜんぶで6枚のパーツが必要になります。

2 AとCを縫い合わせる

Aの内側にCを縫い合わせます。

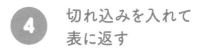

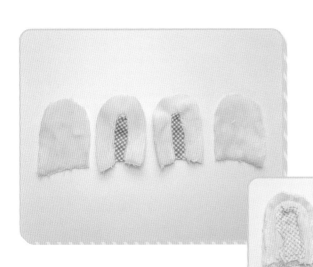

3 2とBを中表で 縫い合わせる

❷でつくったパーツとBの生地を1枚づつ中表で重ねて、縫い合わせます。返し口は縫わずにあけておきます。

4 切れ込みを入れて 表に返す

余った縫いしろをカットして、カーブに切れ込みを入れたら、表に返します。これでウサ耳は完成です。

Point

着脱式ではなく縫込み式にしたい場合はここでつくった耳を顔パーツに縫いつけます。

ゴム紐をつける

5 返し口をとじる

返し口をコの字で縫ってとじていきます。

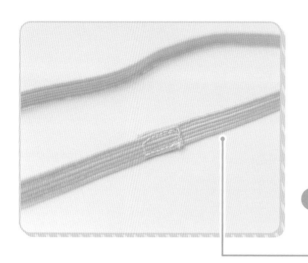

6 ゴム紐を輪っかにする

輪っかになるように平ゴムの端同士を1cmづつ重ねて縫いあわせます。本書オリジナル型紙の20cmぬいぐるみの場合に用意するゴム紐は30cmです。

Point

髪の毛ボリュームによって最適な長さが多少前後します。実際にぬいぐるみにあてながら調整してください。

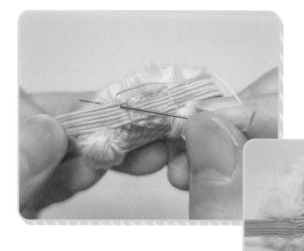

7 ゴム紐にウサ耳を縫いつける

❻で輪っかにした平ゴムのつなぎ目を隠すように❺でつくった耳をひとつ乗せ、かがり縫いで縫いつけます。

8 もうひとつのウサ耳の位置を確認する

❼でウサ耳を縫いつけたゴム紐をぬいぐるみに装着します。もう片方のウサ耳を縫いつける位置を決めて、チャコペンで印をつけておきます。

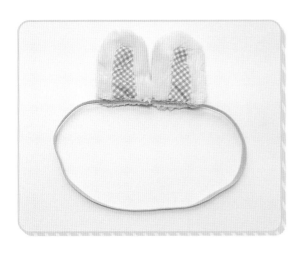

9 もうひとつのウサ耳
縫いつける

❽で印をつけたところに❼と同じようにかがり
縫いでもうひとつのウサ耳を縫いつけます。

ワンランク
アップ
講座

プリント生地でオリジナリティを演出♪

プリント生地はいろいろな種類の柄があるので、推しに似合う生地を選んで、自分だけの
ぬいぐるみを作りたい人にぴったり！　複数箇所に取り入れると統一感もでてさらにかわ
いくなること間違いなしです。

ケモ耳の内側

正面からもしっかり見える
ケモ耳の内側にプリント生地を
使うと目立ってかわいい！
髪や瞳の色と合わせても◎

足底

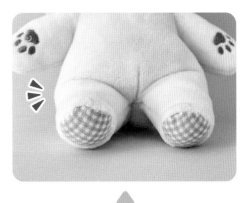

普段あまり見えない
足底に使うのもおすすめ。
座った時に見える足底が
キュート♥

自由自在に動かせる

骨入れのやりかた

ぬいぐるみ用の骨をぬいぐるみの胴体に入れると、
手や足や顔の向きを自由に動かして
ポーズをとらせることができます。
推しのぬいぐるみをつくって「ぬい撮り」をしたい人は必見です。

準備をする

1 骨を用意して、手足の先に綿を詰める

ぬいぐるみ用の骨と綿を入れる前のぬいぐるみ
の皮を用意します。骨を入れる前に、ぬいぐる
み本体の手足の先に少量の綿を詰めておきます。

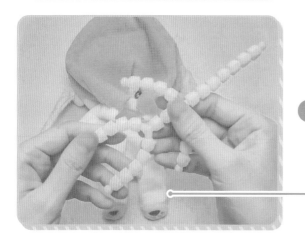

Point

骨はサイズ選びが大切で
す。骨が短すぎると動かし
にくくなり、長すぎると
ポーズを取らせたときに縫
い目が破れてしまいます。

骨を入れる

2 ぬいぐるみ本体に骨を入れる

あいている背の部分から、脚と腕に骨を入れて
いきます。

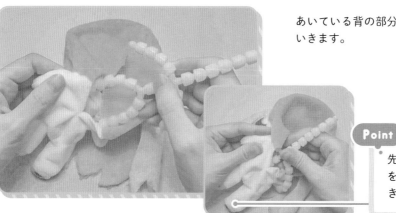

Point

先まで骨が入っているか
を確認しながら入れてい
きましょう。

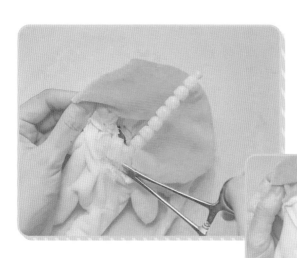

③ 胴体に綿を詰める

骨を包むようなイメージで綿を詰めていきます。細部にはつぶ綿を使うのがおすすめです。綿を詰めたら背の部分だけとじておきます。

Point

とくに脚や腕は骨周りの一方だけに綿を詰めると骨のごつごつした感触が表面に現れて見栄えが悪くなってしまうので要注意です。

④ 頭部にも骨を入れる

胴体に綿を詰めて骨の位置が固定できたら、頭にも骨を入れます。③と同じように、はじめは骨を包むようなイメージで綿を詰めていきます。綿を詰めたら、全身を触って骨の入り具合をチェックしましょう。最後にコの字とじで頭部をとじたら完成です。

ワンランクアップ講座

種類がいっぱい！　ぬいぐるみ用の骨

ぬいぐるみ用の骨はパーツを組み合わせて自分でサイズを調整できるタイプのものや、ごつごつしにくい針金タイプのものがあります。ぬいぐるみやドールの専門店や、最近では手芸屋さんや100円ショップでも入手することができるのでチェックしてみてください！

モチーフを刺繍する

胴体の刺繍もワンランクアップポイント！　胴体は大きなスペースがあいているので、上手に活用しましょう。
洋服を着せたら見えなくなってしまいますが、自分だけのアピールポイントをつくるのも楽しみのひとつです。

ハートやおへそを刺繍する

おへそや胸を刺繍することで、よりリアルな赤ちゃん感が出ます。図案はP100をCheck！

モチーフを刺繍する

蝶ネクタイや推しのモチーフやシンボルを刺繍してもかわいい！

蝶ネクタイの刺繍図案はこれ！
好きな刺繍をデザインしてみてね

型紙

型紙二次元コード

下の二次元コードを読み込んで型紙ダウンロードサイトから型紙をダウンロードできます。B5サイズに印刷してご使用してください。※

型紙の見かたは
P13を確認してね!

本書掲載の図案をインターネットを含むあらゆる媒体で無断転載することを禁じます。また、本書掲載の図案をもとに無断で制作・販売することは、個人的に楽しむ場合を除き、著作権法上で禁じられています。
※サーバーのメンテナンス等によって、当該ウェブサイトにアクセスできない場合がございますのでご了承ください。
※ウェブサイトやプリンターの操作方法、設定に関するお問い合わせは致しかねます。

Pattern Paper

●二次元コードが読み取れない場合は、
こちらのURLからアクセスしてください。
https://www.mates-publishing.co.jp/oshinui_riso/

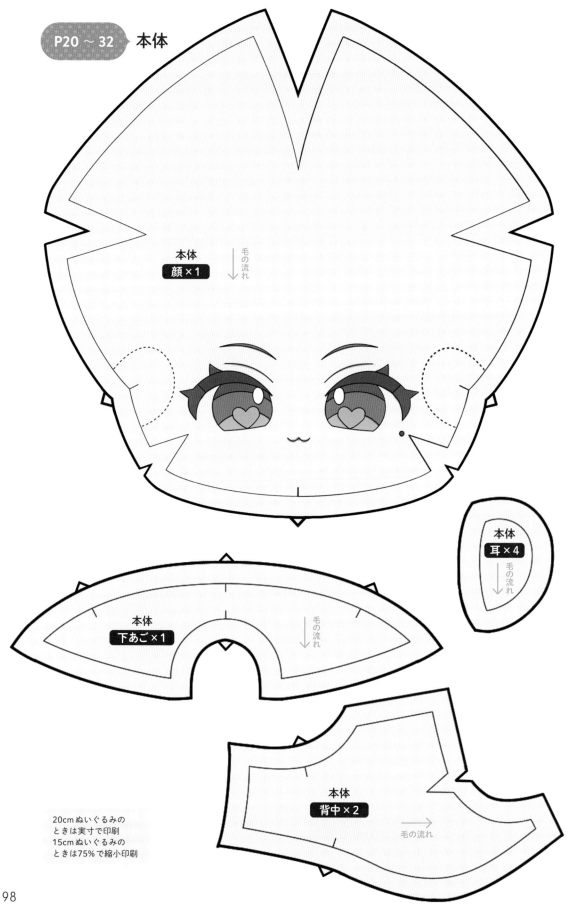

P20 〜 32 　本体

本体
顔×1
毛の流れ

本体
耳×4
毛の流れ

本体
下あご×1
毛の流れ

本体
背中×2
毛の流れ

20cmぬいぐるみの
ときは実寸で印刷
15cmぬいぐるみの
ときは75％で縮小印刷

型紙コピー時、この線まで押さえるときれいに印刷できます。

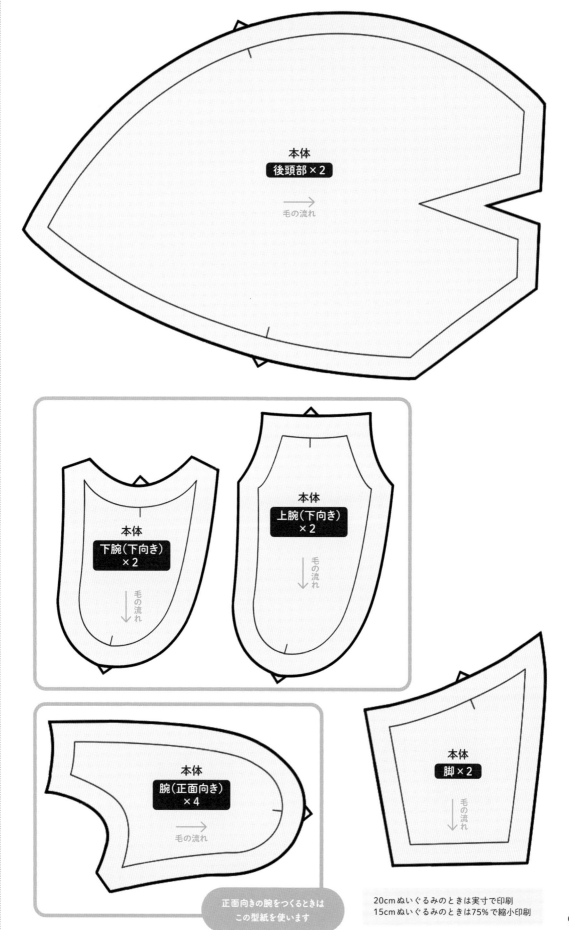

本体
後頭部×2

毛の流れ

本体
下腕（下向き）
×2

毛の流れ

本体
上腕（下向き）
×2

毛の流れ

本体
腕（正面向き）
×4

毛の流れ

本体
脚×2

毛の流れ

正面向きの腕をつくるときは
この型紙を使います

20cmぬいぐるみのときは実寸で印刷
15cmぬいぐるみのときは75％で縮小印刷

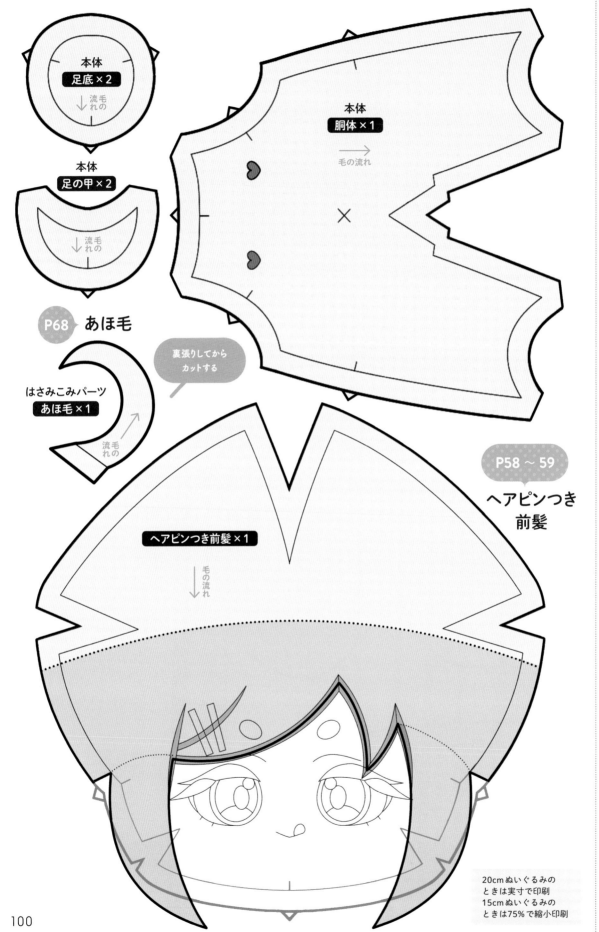

本体
足底×2
毛の流れ

本体
足の甲×2
毛の流れ

本体
胴体×1
毛の流れ

P68 あほ毛

はさみこみパーツ
あほ毛×1
毛の流れ

裏張りしてから
カットする

ヘアピンつき前髪×1
毛の流れ

P58〜59
ヘアピンつき
前髪

20cmぬいぐるみの
ときは実寸で印刷
15cmぬいぐるみの
ときは75%で縮小印刷

型紙コピー時、この線まで押さえるときれいに印刷できます。

P69 〜 71 ツインテール＆ポニーテール

P72 〜 73

お団子

返し口

ツインテール
テールパーツ × 4

ポニーテール
テールパーツ × 2

→ 毛の流れ

裏張りしてから
カットする

P74 〜 75 三つ編み

三つ編み × 2

↓ 毛の流れ

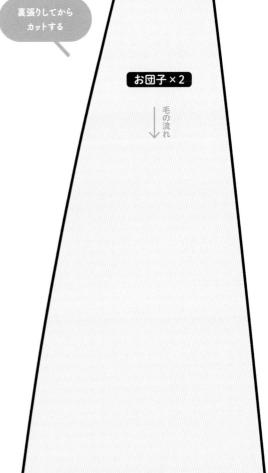

お団子 × 2

↓ 毛の流れ

20cmぬいぐるみのときは実寸で印刷
15cmぬいぐるみのときは75%で縮小印刷

ポンパドール
前髪×1

毛の流れ

裏張りしてから
カットする

ポンパドール
ポンパドールパーツ×1

毛の流れ

20cmぬいぐるみのときは実寸で印刷
15cmぬいぐるみのときは75％で縮小印刷

型紙コピー時、この線まで押さえるときれいに印刷できます。

P78 ～ 80 エアインテーク

エアインテーク
前髪×1

毛の流れ
↓

エアインテーク
エアインテークパーツ×2

→
毛の流れ

裏張りしてから
カットする

20cmぬいぐるみのときは実寸で印刷
15cmぬいぐるみのときは75%で縮小印刷

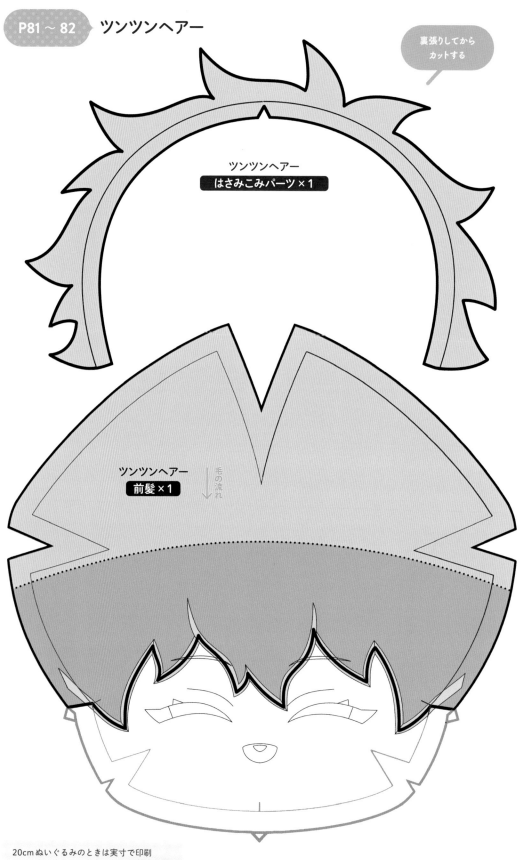

P81〜82 ツンツンヘアー

裏張りしてから
カットする

ツンツンヘアー
はさみこみパーツ×1

ツンツンヘアー
前髪×1

毛の流れ

20cmぬいぐるみのときは実寸で印刷
15cmぬいぐるみのときは75%で縮小印刷

型紙コピー時、この線まで押さえるときれいに印刷できます。

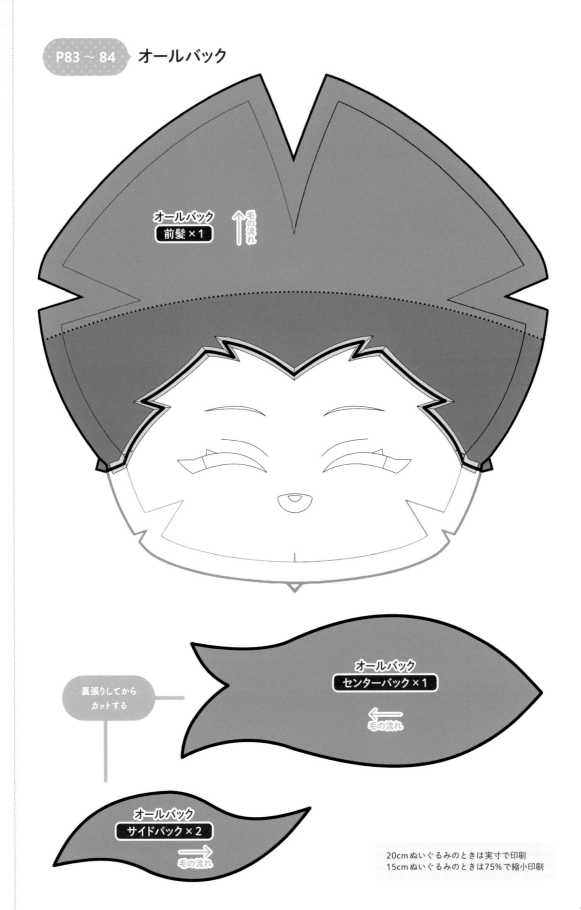

P83 〜 84 ▶ オールバック

オールバック
前髪×1
毛の流れ

裏張りしてから
カットする

オールバック
センターバック×1
毛の流れ

オールバック
サイドバック×2
毛の流れ

20cmぬいぐるみのときは実寸で印刷
15cmぬいぐるみのときは75%で縮小印刷

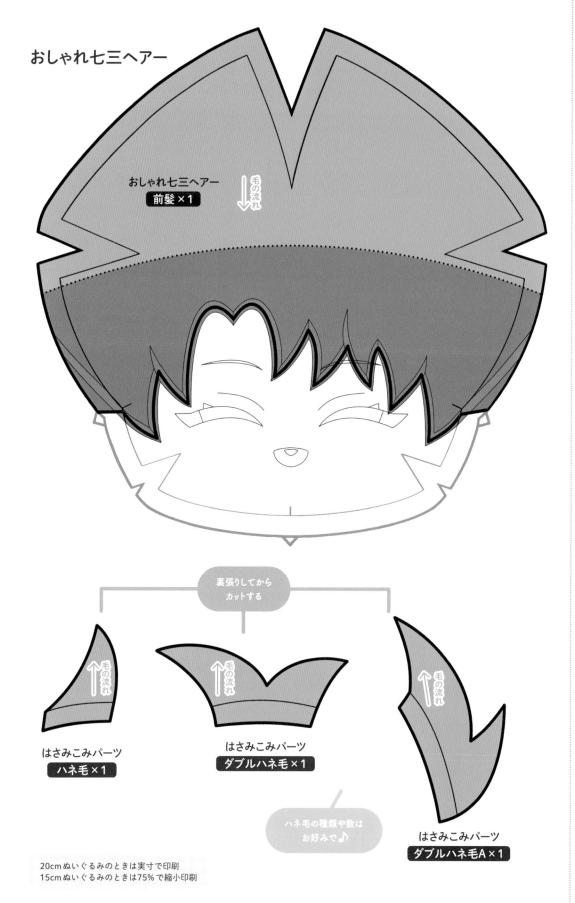

おしゃれ七三ヘアー

おしゃれ七三ヘアー
前髪×1

毛の流れ

裏張りしてから
カットする

毛の流れ

はさみこみパーツ
ハネ毛×1

毛の流れ

はさみこみパーツ
ダブルハネ毛×1

ハネ毛の種類や数は
お好みで♪

毛の流れ

はさみこみパーツ
ダブルハネ毛A×1

20cmぬいぐるみのときは実寸で印刷
15cmぬいぐるみのときは75%で縮小印刷

型紙コピー時、この線まで押さえるときれいに印刷できます。

目隠れ横流しヘアー

目隠れ横流しヘアー
前髪×1

毛の流れ ↓

P78〜80

ハーフアップ

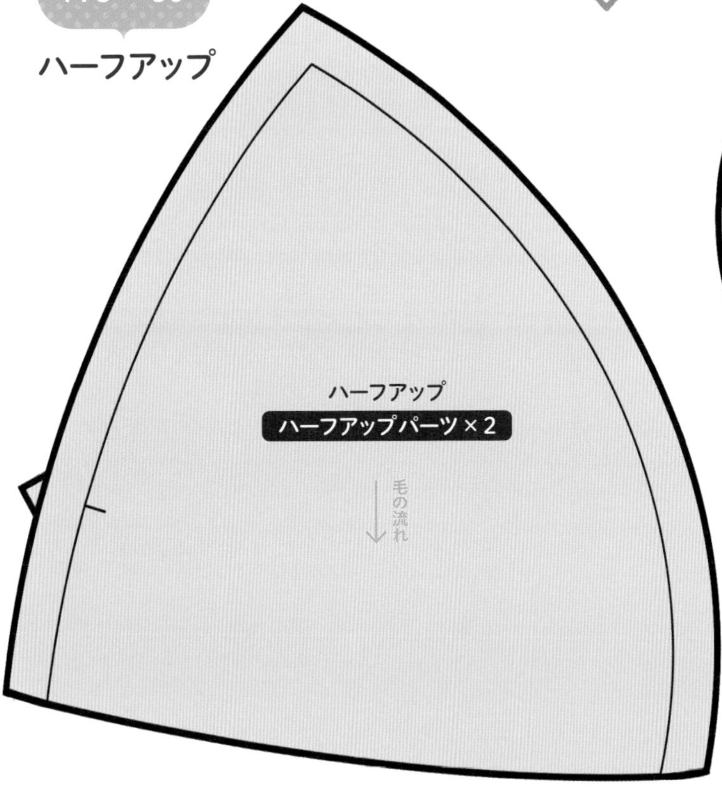

ハーフアップ
ハーフアップパーツ×2

毛の流れ ↓

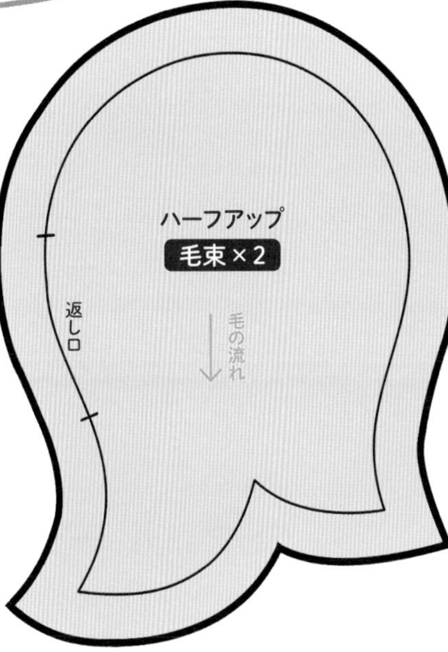

ハーフアップ
毛束×2

返し口

毛の流れ ↓

20cmぬいぐるみの
ときは実寸で印刷
15cmぬいぐるみの
ときは75%で縮小印刷

※布をふたつに折りたたみ、折り目の部分に
「わ」を合わせて生地をカットしてください。
折り目部分はカットしなくてOK！

20cmぬいぐるみの
ときは実寸で印刷
15cmぬいぐるみの
ときは75％で縮小印刷

ぱっつん前髪

ぱっつん前髪
前髪×1

毛の流れ

ぱっつんボブ

ぱっつんボブ
うしろ髪×1

毛の流れ

わ

型紙コピー時、この線まで押さえるときれいに印刷できます。

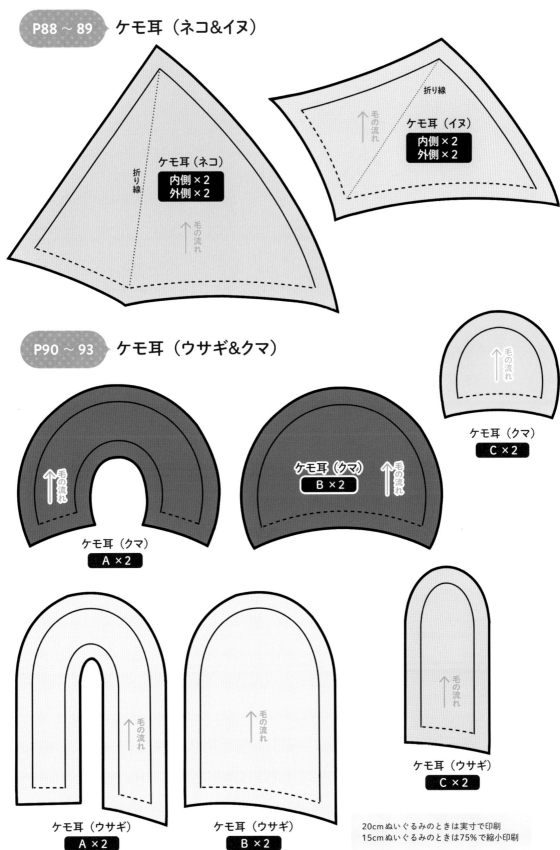

P88 ～ 89 　ケモ耳（ネコ&イヌ）

折り線

毛の流れ

ケモ耳（イヌ）
内側×2
外側×2

折り線

ケモ耳（ネコ）
内側×2
外側×2

毛の流れ

P90 ～ 93 　ケモ耳（ウサギ&クマ）

毛の流れ

ケモ耳（クマ）
C×2

毛の流れ

ケモ耳（クマ）
B×2

毛の流れ

ケモ耳（クマ）
A×2

毛の流れ

ケモ耳（ウサギ）
C×2

毛の流れ

毛の流れ

ケモ耳（ウサギ）
A×2

ケモ耳（ウサギ）
B×2

20cmぬいぐるみのときは実寸で印刷
15cmぬいぐるみのときは75%で縮小印刷

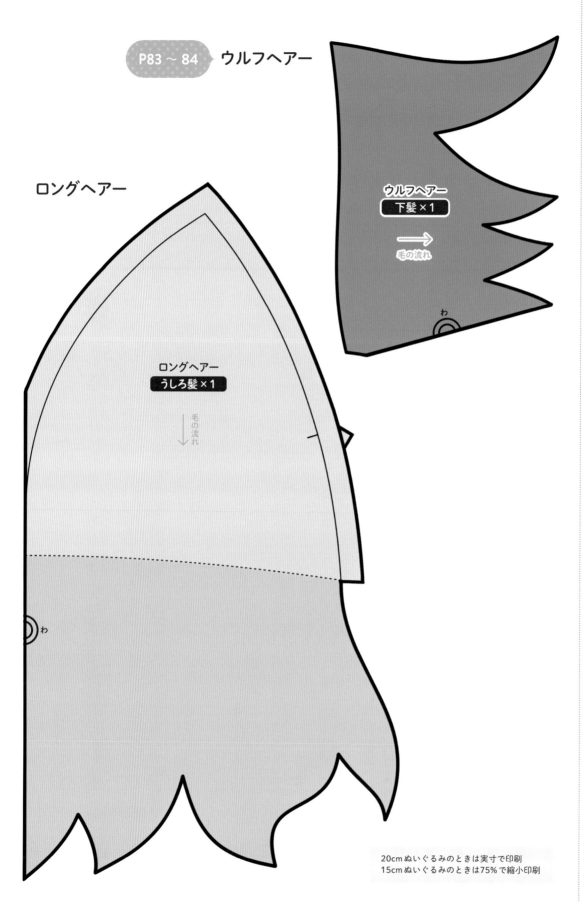

P83 〜 84　ウルフヘアー

ロングヘアー

ウルフヘアー
下髪×1

→
毛の流れ

わ

ロングヘアー
うしろ髪×1

↓毛の流れ

わ

20cmぬいぐるみのときは実寸で印刷
15cmぬいぐるみのときは75%で縮小印刷

型紙コピー時、この線まで押さえるときれいに印刷できます。

※布をふたつに折りたたみ、折り目の部分に
「わ」を合わせて生地をカットしてください。
折り目部分はカットしなくてOK！

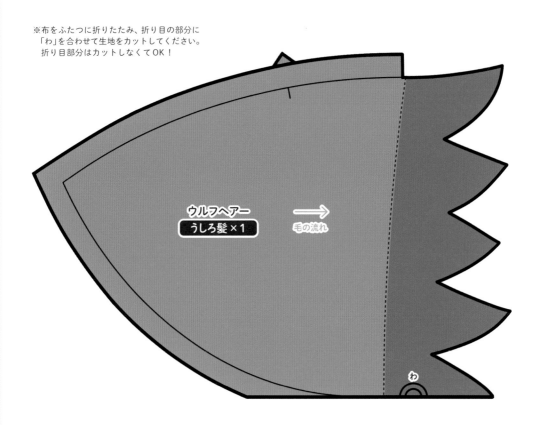

P85 〜 86 襟足長めヘアー

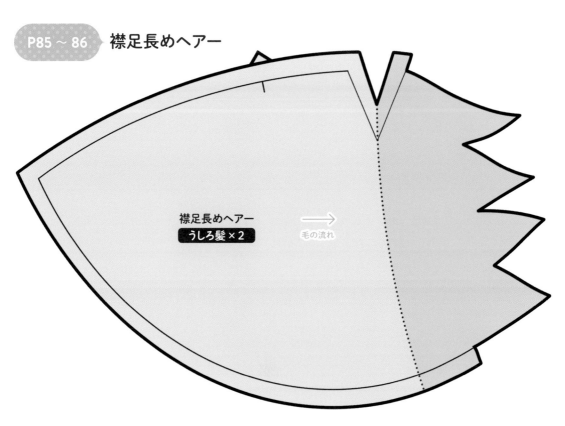

20cmぬいぐるみのときは実寸で印刷
15cmぬいぐるみのときは75％で縮小印刷

協力　　　しらたま
撮影　　　北原千恵美
デザイン　関根千晴
編集　　　加藤みのり

もっとかわいくできる！

推しぬい
理想の「お顔」「髪型」つくりかた BOOK

2023年12月 5 日　第1版・第1刷発行
2024年11月 5 日　第1版・第6刷発行

監　修　　ぴよぴっこ
発行者　　株式会社メイツユニバーサルコンテンツ
　　　　　代表者　大羽 孝志
　　　　　〒102-0093東京都千代田区平河町一丁目1-8
印刷　　　シナノ印刷株式会社

ご意見・ご感想はホームページから承っております。
ウェブサイト　https://www.mates-publishing.co.jp/

企画担当：小此木千恵